U0917871

苏江 编著

劝善集

煤炭工业出版社

图书在版编目（CIP）数据

劝善集/苏江编著 .--北京：煤炭工业出版社，2018
ISBN 978-7-5020-6836-3

Ⅰ.①劝… Ⅱ.①苏… Ⅲ.①格言—汇编—世界
Ⅳ.①H033

中国版本图书馆 CIP 数据核字(2018)第 194300 号

劝善集

编　　著　苏　江
责任编辑　刘永兴
责任校对　李新荣
封面设计　王　滨　于春颖

出版发行　煤炭工业出版社（北京市朝阳区芍药居 35 号　100029）
电　　话　010-84657898（总编室）　010-84657880（读者服务部）
网　　址　www.cciph.com.cn
印　　刷　中国电影出版社印刷厂
经　　销　全国新华书店

开　　本　787mm×1092mm 1/16　**印张**　12　**插页**　8　**字数**　220 千字
版　　次　2018 年 11 月第 1 版　2018 年 11 月第 1 次印刷
社内编号　20180891　**定价**　98.00 元

版权所有　违者必究
本书如有缺页、倒页、脱页等质量问题，本社负责调换，电话：010-84657880

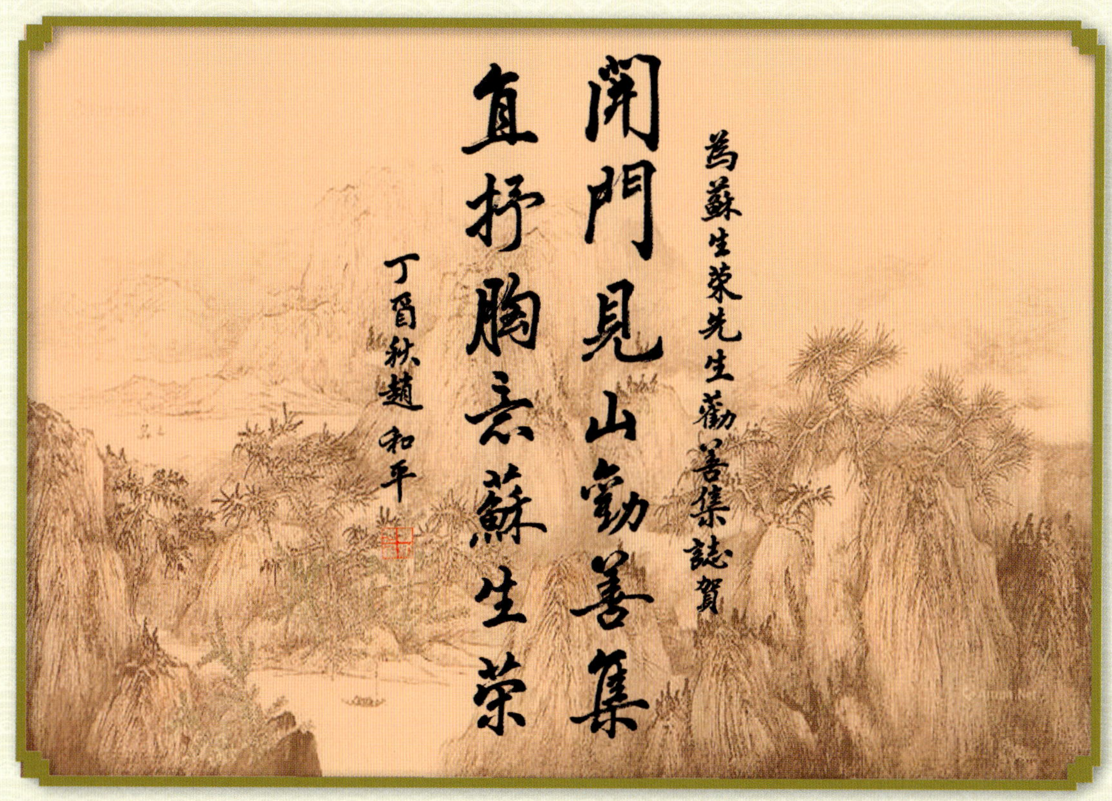

赵和平为《劝善集》题词

苏江与三个女儿

赵和平（左）、苏江（中）、张永智（右）

序

苏江是七十年代我高中时的同学。当时他在伊金霍洛旗一中高一班，我在高四班。那时全校学生不过几百人，我们经常一起吃住，一起玩乐，一起学习，同学都很亲密，我对他也比较了解。

苏江高中毕业后，一直从事中小学教学工作。经过近四十年的努力，他终于写就《劝善集》。二〇一六年冬，苏江让我为之作序。为此，我较为仔细地阅读文稿，并认真做了多层面的思考。

《劝善集》是以格言体写成的，从四言到十二言，共分八篇，全集约二十万字。全集的显著特征是，具有深邃的哲学思维，公正厚重的史学观点。纵览全集，可以看出，作者漫步于人类的历史长廊，对自春秋到当代的文化名人，无不留连。……虽然经受时间隧道的磨损，饱经历史风雨的洗涤，但那些历史文化名人仍如一道道金色的曙光，照彻天宇，照亮每一个平庸抑或卑微的心灵。而要真正走近他们，真正触摸到名人高洁不羁的灵魂，需要的是作者苏江的心，苏江的勤，苏江的眼。因为每一位名人都是一本立体的书，每一句名言都是一首隽永的诗。

苏江的这部集子，可以说是篇篇精辟，字字珠玑，精彩纷呈。书中没有那些文痞酸腐言辞，没有枯燥乏味的喋喋说教，没有生拉硬扯的牵强附会，没有低级下流的庸俗习气，没有政客商贩式的浮躁炒作，没有人云亦云的鹦鹉学舌，没有故弄玄虚的一头雾水，没有

装腔作势的哗众取宠。而是用大众化流畅的语言、严密的逻辑、准确的词汇、精练的文字，把事情和道理表述得十分清楚、合情合理。读之文采飞扬，幽默成趣，回味无穷，受益匪浅，不禁让读者产生强烈的共鸣之感。

作为作者的老同学，我为他的辛劳与成就深感由衷的欣慰和自豪。他的《劝善集》以其内涵之广博、思想之深邃，文笔之优美，堪称上乘之作。格言题材广泛，涉及文学、哲学、社会、历史、家庭等诸多方面。作者在学习、研究、实践中，善于把握『真善美』这个人类社会发展最基本的基因。人，不可更改地具有两重属性，一个是人的原始本能的动物属性，一个是人的群体的社会属性。这两重属性如同血液、肌肉、骨骼、心脏、灵魂，支撑着人类和社会的进化与发展。一个文明进步的社会，应当是对人的动物属性进行文明的教化，特别是对人的动物属性中那些自私、贪婪、欺诈、颓废、邪恶欲望和言行进行有效的约束和控制；对人的社会属性进行文明的规范、鞭策，使人们能够生活在共同富裕、共同福祉的友爱、互助、和谐的文明社会之中。以真善美为核心的文化内涵与构建，是中华民族伟大复兴的精神支柱与精神家园。而铸造这个中华民族伟大复兴的精神支柱与文化实力、创新智力、发展活力、恒久魅力的核心与灵魂，必须是中华民族真善美的优秀历史文化。

在浮躁的现代社会，与心净者为伍，就会远离污秽，与高尚者为友，就会远离鄙劣，与智慧者为伴，就会远离愚昧。我们每个人不可能都成为时代英雄，但我们都应当生活得堂堂正正；我们每个人不可能都成为智慧化身，但我们都应当生活得明明白白。我们每个人可以有理由拒绝许多东西，但是没有理由拒绝健康，没有理由拒绝知识，没有理由拒绝财富，没有理由拒绝智慧，更没有理由拒绝真善美。

阅读、收藏一部启迪人们智慧、陶冶人们情操的精品文集，将会是对自己心灵的有效净化和对情操的有益陶冶。因为只有这样，我们才能感受到那一段段饱含艰辛的心路历程留给后人的是怎样一串串坚实的足迹！品读《劝善集》，会让我们感到最深刻的思想在荡涤着我们的灵魂；品读《劝善集》，会让我们感到最美的力量在冲刷着我们心灵的尘埃……

今天，在新时代的曙光中，让我们一起仰望真善美；让我们一起走进这飘满墨香的书卷，来触摸一个个圣洁的灵魂，接受心灵的洗礼吧！

张永智

二〇一八年 二月

引言

我是根生土长的鄂尔多斯市伊金霍洛旗成陵人，从事教育教学工作四十余年，现年逾花甲。二〇一四年退休后闲居在家。工作忙碌了几十年，突然闲暇很不适应。总在想，再能为社会做点儿什么贡献，才能对得住人生。于是，萌生了整理出版此书的念头。

虽教了一辈子中学理化学科，可我一直酷爱文学，我平时在教学和生活中善用警言集句，喜欢收集、积累俗语、谚语、格言、箴言、名言，时间久了，集腋成裘，为这本《劝善集》奠定了基础。

《劝善集》书名，缘于书中内容是在不同时代、不同背景、不同的场合下，指导人们如何做人、做事，劝人劝己、自省自悟，在人生的道路上少走或不走弯路，倡导理性做事，理智待人，消恶于未萌，弭祸于未形。

《劝善集》是伟人、先哲和广大人民群众智慧的浓缩，它能指引人们树立正确的世界观、人生观、价值观，成为有理想、有信念、有意志、有道德、有修养、有追求的人。这是本书整理出版的第一个目的。

本书出版的目的之二：让读者通过阅读、理解、记忆，把它变成中老年人教子育孙的手边书。俗语云：『教媳初来，教儿婴孩』。希望读者家庭成员能在阅读名言的过程中，

耳濡目染，感悟人生。雷纳尔说过：『一句名言，胜于一本劣书』。一句良言像春风唤醒心田的善意，像秋风扫除心底的恶念，名言对净化心灵，塑造人格，提升智慧，有极其重要的作用。

本书出版的目的之三：能让中小学生积累丰富的名言警句，为写作、演讲打下坚实的基础。名言虽寥寥数字，却字字珠玑，深沉隽永，朗朗上口，是学生语言、才智宝库。

本书出版的目的之四：目前，各行业的部分从业人员，在抓宣传、搞落实、调解矛盾纠纷时，常言无数句，丢三落四，语无伦次，话不精辟，词不达意，乏力乏味，从而导致威信下降，工作难以开展。《劝善集》对一个问题能从不同角度精辟论述，能使人谈吐不凡，语惊四座，既能让人在工作中树立威信，又能达到『话是开心钥匙』的作用。

本书出版的目的之五：『权是双刃剑，荣辱两边沾。』把『官』放到制度的笼子里，用法律和纪律的手段让官不敢靠近『高压带电体』，不敢接触『低压带电体』。警钟长鸣筑防线，防微杜渐保晚节。《劝善集》部分名言名句，劝『官』从意识上『激浊而扬清，废贪而立廉』。『养天地正气，法古今完人』，树立『竹死不必节，花落有余香』『水清沙自洁，官贤弊自绝』『三生不改冰霜操，万死常留社稷身』的高尚情操。

伟人、名人、名家对书籍有许多评论，如『书籍是时代的生命、思想的宝库，培植智慧的工具。』书籍是『前人的经验，知识的总统，当代真正的大学。』培根说过，『书籍使人成为完善的人。』读《劝善集》如同和古今中外的伟人、名人、名家交谈。『韬略终须建新国，有为还得读良书。』读好书可让读者实现古为今用，洋为中用，活学活用。

《劝善集》从二〇一四年九月始，搜集、分类、整理、编排、修改誊写数遍，历时两年半。编著期间，在伊旗一中七四届高中四个班部分老同学的大力支持和帮助下，得以完善此书，在此深表感谢！

由于本人搜索、整理、编排水平有限，不足之处在所难免，恳请广大读者朋友斧正。

苏江

二〇一七年二月　于伊金霍洛

目录

四言集

五言集

六言集

七言集

八言集

九言集

十言集

十一言集、十二言集

人生无常
不可虚度
《菜根谭》

人生如梦
转眼百年

人过留名
雁过留声

人死留名
草死留根

醉生梦死
枉度人生

功名一时
气节千载

诸恶莫做
众善奉行
《增一阿含经》

容貌易改
慈善永存

正人正己
修身修心

任其自然
总是自适
《菜根谭》

人要公道
打转颠倒

将心比心
不用问人

人无远虑
必有近忧
《论语·卫灵公》

老当益壮
大器晚成

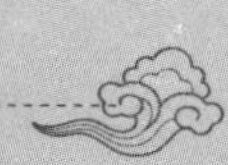

物竞天择
适者生存
《天演论》

人人为我
我为人人

人而无友
只算半人

难字压顶
寸步难行

闯字当头
随意纵横

思及生死
万念灰冷

人直不富
港直不深

儿女情长

英雄气短
明·许自昌

生死有命
富贵在天
《论语·颜渊》

物以类聚
人以群分
《战国策》

人生一世
草木一秋
明·冯梦龙

生于忧患
死于安乐
战国·孟子

人生在世
事业为重
吴玉章

有一分热
发一分光
鲁迅

人生无常
世事难料
英·哈代

何以解忧
唯有杜康
曹操《短歌行》

得人钱财
与人消灾
元·李行道

与人方便
自己方便
明·顾起元

保初节易
保晚节难
宋·朱熹

人像果实
一旦成熟
便要脱枝
《纪伯伦全集》

上士忘名
中士立名
下士窃名
《颜氏家训·名实》

崇人之德
扬人之美
非谄谀也
《荀子》

自己有过
人说要听
当局者迷
旁观者醒
清·陈弘谋

不贪于财

不苟于利
分财取宽
服事取劳
汉·陆贾

知无不言
言无不尽
言者无罪
闻者足戒
毛泽东

与人为善
以和为贵
律己当严
待人当宽
谦恭待人
忠孝传家
《增广贤文》

千经万典

孝义为先
《增广贤文》

光明磊落
以诚待人
善与人交
久而能敬
《论语·公冶长》

满腔和气
随地春风
知己知彼
将心比心
《增广贤文》

百善可做
一恶莫为
无辩息谤
无争止怨
一言九鼎

一字千金
兰风梅骨
剑胆琴心
与人相知
贵在知心
万事随缘
随遇而安
《菜根谭》
谨慎从事
低调做人
《增广贤文》
俭以养德
静以修身
贫贱不移
富贵不淫
知足常乐

能忍自安
清·金缨
酒要少吃
事要多知
《名贤集》
君子爱财
取之有道
便宜莫买
浪荡莫收
施恩勿念
受恩莫忘
穷勿信命
病勿信神
年年防饥
夜夜防盗
小时偷针

大时偷金
《增广贤文》
伤人一千
自损八百
顺天者昌
逆天者亡
《庄子·盗跖》
名高妒起
宠极谤生
《增广贤文》
众怒难犯
专欲难成
《左传·襄公十年》
天网恢恢
疏而不漏
《老子》
螳螂捕蝉

黄雀在后
《庄子·山木》
眼观六路
耳听八方
《封神演义》
胆大心细
遇事不慌
人若没刚
不如谷糠
在家从父
出嫁从夫
《仪礼·丧服·子夏传》
痴人畏妇
贤妻敬夫
《增广贤文》
兄弟相害
不如自生

过则相规
言而有信
《论语·学而》

一言既出
驷马难追
《论语·颜渊》

锣响千声
一锤定音

经目之事
犹恐未真
《水浒传》

背后之言
岂能全信
明·施耐庵

念头稍异
境界顿殊

有福伤财

无福伤己
《增广贤文》

惩恶扬善
当仁不让

助人为乐
人间大美

鸟贵有翼
人贵有志

礼让一寸
得礼一尺
三国·曹操

人非圣贤
孰能无过
人非尧舜
谁能尽善
唐·李白

来而不往
亦非礼也
《礼记·曲礼上》

动必三省
言必再思
唐·白居易

大怒不怒
大喜不喜
可以养心
明·钱琦

多闻增智
多言招祸
意大利谚语

近朱者赤
近墨者黑
西晋·傅玄

精诚所至
金石为开

将心比心
强如佛心
清·石天基

无功不赏
无过不罚
《荀子·王制》

言行相符
始终如一
梁·简文帝

不览古今
论事不实
汉·王充

恃德者昌
恃力者亡
西汉·司马迁

自满者败
自矜者愚
宋·林逋《省心录》

言不妄发
发必当理
南宋·朱熹

不能受谏
安能谏人
清·钱大昕

见善则迁
有过则改
《周易》

前人栽树
后人乘凉

怒不变容
喜不失节
《三国志》

太刚则折
太柔则卷
《淮南子》

无私者公
无私者明
清·金缨

尊贤使能
俊杰在位
战国·孟子

相信自己
无所不能

跌得越重
弹得越高

怒是猛虎
欲是深渊
《格言联璧》

丈夫立志
穷当益坚
老当益壮
南朝宋·范晔

人之心胸
多欲则窄
寡欲则宽
清·金缨

马看牙板
树看年轮
人看言行
谚语

圣贤言语
雅俗并集
人能体此
万无一失
《增广贤文》

一切言动
都要安详
十差九错
只为慌张
明·吕得胜

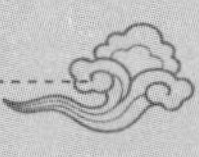

要做好人
需寻好友
引酵若酸
哪得好酒
《增广贤文》

傲不可长
欲不可纵
乐不可极
志不可满
《礼记·曲礼上》

言吾善者
不足为喜
道吾恶者
不足为怒
明·冯梦龙

一毫之恶
劝人莫作
一毫之善

与人方便
《增广贤文》

头是宝库
舌是钥匙
眼是勇士
手是财富
哈萨克族谚语

话在嘴里
属于自己
话一出口
人家所有
英国谚语

树老怕空
人老怕松
戒空戒松
从严始终
华罗庚

冷眼观人

冷耳听语
冷情当感
冷心思理
明·洪应明

一心为善
不会孤单
宾朋必多
近邻相伴
日本谚语

多见者博
多闻者智
拒谏者塞
专己者孤
汉·桓宽

没心没肺
能活百岁
问心无愧
活着不累
韩美玲

与人以实
虽疏必密
与人以虚
虽戚必疏
南朝梁·萧绎

少说空话
多做工作
扎扎实实
埋头苦干
邓小平

善气迎人
亲如兄弟
恶气迎人
害于戈兵
春秋·管仲

不飞则已
一飞冲天
不鸣则已

一鸣惊人
西汉·司马迁

吾志所何
一往无前
愈挫愈奋
再接再厉
孙中山

老骥伏枥
志在千里
烈士暮年
壮心不已
三国·曹操

多言多语
难免有过
注意唇舌
乃是常识
《圣经》

人凭志气

虎凭威势
不怕路远
就怕志短

不闻高论
志则不宏
汉·荀悦

无志必庸
有志称雄

文章道德
仁义礼智
贤者必备
才者相依

知识渊博
其名自驰

寒门之下
多出栋梁

陋室之内
也出侯王

逆境之中
多出贤良

学如牛毛
成如麟角
《太平御览》

熟是经验
巧是创造
徐特立

常格不破
大才难得
北宋·包拯

国之宝器
其在得贤
唐·李延寿

求备一人

百中无一
北宋·王溥

一言之善
贵于千金
东晋·葛洪

经师易求
人师难得
《北周书·卢诞传》

智者不愁
多为少忧
《乐府古辞·满歌行》

和氏之璧
出于璞石
《潜夫论》

智者尽言
国家之利
五代十国·张昭远

终生勤奋
便成天才
俄·门捷列夫

常人希望
天才创造
美·爱默生

阳春之曲
和者盖寡

盛名之下
其实难副
东汉·李固

明中施舍
暗里填还
《明贤集》

心口如一
童叟无欺
清·李汝珍

内藏精明
外示浑厚
一言九鼎
一字千金
己所不欲
勿施于人
春秋·孔子
不攻人短
莫矜己长
问心无愧
高枕无忧
世间万事
美德为首
西方谚语
人各有志
不能强求
功不独吞

过不推人
笑口常开
青春常在
谚语
君子一言
驷马难追
《论语·颜渊》
家贼难防
老鼠盗粮
横眉冷对
爱憎分明
借而不还
再借定难
疑则勿任
任则勿疑
北宋·司马光
受人之托

忠人之事
明·冯梦龙
事在人为
诚至金开
杨靖宇
没有诚实
何来尊严
古罗马·西塞罗
人该省事
不可怕事
人该顺时
不可超时
清·申居郧
事无全遂
物不两兴
明·徐祯稷
言过其实

不能大用
晋·陈寿
技无大小
贵在能精
清·李渔
治国经邦
人才为急
孙中山
主张已定
决不食言
波兰·显克微支
大声赞扬
轻声怪罪
俄·叶卡捷琳娜二世
待上以敬
待中以诚
待下以宽

善为政者
弊则补之
决则塞之
汉·桓宽

人察人情
官察民情

为官一任
造福一方

人心似铁
官法如炉
《警世通言》

情急招损
严厉生恨
明·洪应明

厚待故交
礼遇衰朽
明·洪应明

清浊并包
善恶兼容

欲成大事
小事必忍

天降大任
苦其心志

惟贤惟德
能服于人
三国·刘备

人急造反
狗急跳墙
任文祥

不知深浅
切莫下河

不贪为宝
利令智昏

得道多助
失道寡助
战国·孟子

不辱使命
大智大勇

巧舌如簧
娴于辞令

随机应变
虎口余生
《千字文》

明察秋毫
举重若轻

广开言路
知人善任

君无戏言
官不悔变

见微知著
防微杜渐

勤能补拙
廉能生威

水能载舟
亦能覆舟
战国·荀子

大爱无形
大爱无痕

大爱无疆
大爱无声

德为善政
政在养民
《尚书》

国而忘家
公而忘私
东汉·班固

为治之本
务在宁民
西汉·刘安

不信不立
不诚不行
宋·晁说之

防民之口
甚于防川
《国语》

众怒难犯
专欲难成
春秋·左丘明

兼听则明
偏听则暗
宋·司马光

舍本逐末
圣贤所非
北魏·贾思勰

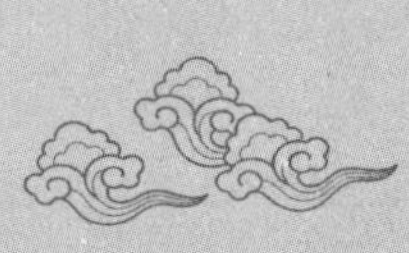

廉者憎贪
信者疾伪
宋·欧阳修

腐败不除
人心不顺
薄一波

廉勤二字
人人可至
南宋·赵鼎

克勤于邦
克俭于家
《尚书·大禹谟》

诛不避贵
赏不遗贱
春秋·晏婴

官不私亲
法不遗爱
战国·慎到

兴必虑衰
安必思危
西汉·司马迁

忠贤既用
奸邪自息
明·胡居仁

当断不断
反受其乱
西汉·司马迁

实干兴邦
空谈误国
邓小平

内外相应
言行相称
战国·韩非子

上行下效
然谓之教
唐·马总

道不拾遗
民不妄取
汉·刘向

名胜之地
勿轻题咏
清·申涵光

玩人丧德
玩物丧志
《尚书·旅獒》

不在其位
不谋其政
春秋·孔子

凡事要好
须问三老

为善最乐
为恶难逃

但行好事

莫问前程
悬崖勒马
迷途知返

亏人是祸
饶人是福

暗室亏心
神目如电

好言难得
恶语易施
《增广贤文》

积善之家
必有余庆
积恶之家
必有余殃

吃饭吃米
说话说理

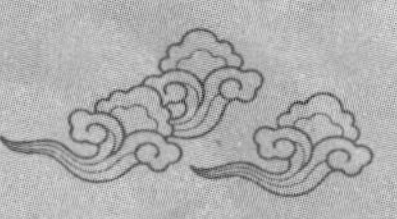

当事者昏
旁观者清

身在事中
心超事外

未雨绸缪
有备无患
《菜根谭》

胆大如斗
心细如发
《古今贤文》

内要伶俐
外要痴呆

顺其自然
水到渠成

得荣思辱
居安思危

聆音察理
鉴貌辨色
《千字文》

看菜吃饭
量体裁衣
毛泽东

不依规矩
不成方圆
《孟子·离楼上》

先抓西瓜
后捡芝麻

物极必反
器满则倾

既往不咎
覆水难收

宁添一斗
不添一口

许人一物
千金不移
《增广贤文》

河狭水急
人急生智

不怕无能
就怕无恒

嘴上没毛
办事不牢

谨慎免祸
善谋必兴

规矩不正
难成方圆

河有两岸
事有两面

穿衣戴帽

各有所好

熟能生巧
巧能生精

精益求精
艺无止境

习惯养成
一生受惠

人怕没理
狗怕夹尾

独出心裁
独辟蹊径
叶圣陶

困难越大
荣誉越大
古罗马·西塞罗

没有最好
只有更好
美·丹尼尔·韦伯斯特

智者目语
愚者耳食

不经一事
不长一智
清·曹雪芹

人无远虑
必有近忧
春秋·孔子

锲而不舍
金石可镂
战国·荀子

听人说话
多用头脑
少用耳朵
不学古人

法无一可
全似古人
何处著我
清·袁牧

律己宜严
待人宜宽
《菜根谭》

人各有志
不要强求

人情冷暖
世态炎凉

浑然和气
处世珍宝

与人共事
礼让为先

丈夫之志

能屈能伸

春风解冻
和气消冰

喜忧安危
勿介于心

深藏若虚
鉴貌辨色

出神入化
高深莫测

谋事宜秘
处人宜宽

老实常在
虚言常败

山居清洒
入尘即俗

建房择地
交友择贤
寸有所长
尺有所短
雪中送炭
雨中送伞
苦中有乐
乐中有苦
礼下于人
必有所求
大厦将倾
一木难扶
来如风雨
去似微尘
他有来言
我有去语

祸因恶积
福缘善庆
善有善报
恶有恶报
《缨络经·有行无行品》
不是不报
时辰未到
多心招祸
少事为福
中和为福
偏激为灾
聪明逞尽
惹祸招灾
悬崖勒马
起死回生
苦海无边

回头是岸
《大般涅槃经·梵行品》
盛极必衰
剥极必复
乐极生悲
苦尽甘来
城门失火
殃及池鱼
披麻救火
惹火烧身
覆巢之下
岂有完卵
杀人可恕
情理难容
《水浒传》
顺天者昌

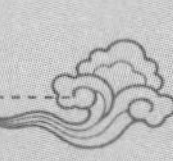

逆天者亡
《庄子·盗跖》
死生由命
富贵在天
纵虎归山
后患无穷
李苏
一方有难
八方支援
人多嘴杂
贵在防范
拨开迷雾
才算手段
急中生智
方为明辨
飞起要落

张开要合
谨言慎行
处事检点

谗言三至
慈母不亲
三国·曹植

含血喷人
先污其口
宋·晓莹

与朋友交
言而有信
春秋·孔子

恻隐之心
人皆有之
《孟子·告子上》

投我以桃

报之以李
《诗经·大雅》

难得糊涂
吃亏是福
清·郑板桥

喜乐的心
乃是良药
《旧约全书·箴言》

失之不忧
得之不喜
汉·刘安

行生于己
名生于人
唐·李延寿

贫而无谄
富而无骄
《论语·学而》

怒多横语
喜多狂言
明·吕坤

两虎相争
势不俱生
汉·司马迁

塞翁失马
安知非福
汉·刘安

言语如箭
一发难收
若要不知
除非莫为
明·冯梦龙

善者不辩
辩者不善
春秋·老子

不忘久德
不思久怨
春秋·孔子

不诱于誉
不恐于诽
战国·荀子

当杀不杀
大贼乃发
东晋·葛洪

皮之不存
毛将焉附
春秋·左丘明

象因牙死
狐因皮亡
越南谚语

多言取厌
虚言取薄

轻言取侮
明·贺时泰

抑压欲望
顺从理性
谓之自制
古罗马·西塞罗

不贵其师
不爱其资
虽智大迷
《老子二十七章》

世路风波
炼心之境
人情冷暖
忍性之场
得忍且忍
得耐且耐
不忍不耐

好事变坏

君子爱财
取之有道
小人放利
不顾天理

贫穷患难
亲戚相顾
婚姻死丧
邻居相助

患难之生
皆生于利
苟不求利
祸从何来
唐·姚思廉

赠人之言
重于珠玉
伤人之言

甚于剑戟
春秋·孙武

心中欢乐
面带笑容
心里烦愁
神伤体损

大方无隅
大器晚成
大音希声
大象无形
春秋·老子

危言耸听
制造纷争
搬弄是非
破坏友谊
《箴言》

贵而不骄
胜而不恃

贤而能下
刚而能忍
三国·诸葛亮

天下熙熙
皆为利来
天下攘攘
皆为利往
汉·司马迁

贤而多财
则损其志
愚而多财
则益其过
南宋·朱熹

人家帮我
永志不忘
我帮人家
莫记心上
华罗庚

德怨两忘
恩仇俱泯
《菜根谭》

大肚能容
不动声色

过归己任
功让他人

空谷巨响
过而不留
《菜根谭》

问心无愧
高枕无忧

一人传虚
百人传实

仇人相见
分外眼红

骨头丢下
群狗打架

斗则两伤
和能双赢

斗则生仇
和能生情

钱能通天
势能压人

建大事者
不忌小怨
南朝宋·范晔

千人所指
无病而死
《汉书》

宠极则骄
恩多成怨
《明史》

有则改之
无则加勉
南宋·朱熹

善持胜者
以强为弱
战国·列御寇

以直报怨
以德报德
春秋·孔子

好不废过
恶不去善
春秋·左丘明

小孔不补
大孔叫苦
明·张介宾

改过宜勇
迁善宜速
清·朱锡绶

尿泡打人
虽然不疼
骚气难闻

恶语即出
覆水难收

善必寿考
恶必早亡
《增广贤文》

从善如流
疾恶如仇
《古今贤文》

良药苦口
忠言逆耳
《菜根谭》

恶狗畏槌
恶人惊雷

弃恶从善

前途一片
见人行善
多方称赞
善始者多
善终者少
人无廉耻
枉披人皮
才高语壮
力大欺人
明枪易躲
暗箭难防
迷途知返
千金不换
君子报仇
十年不晚
《史记》

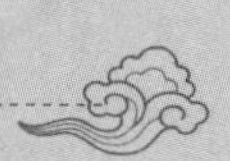

一念贪私
万劫不复
以直报怨
以义解仇
《增广贤文》
蛇皮华丽
牙齿有毒
当面是人
背后是鬼
口蜜腹剑
笑里藏刀
乱发难理
泼妇难治
嘴甜心苦
两面三刀
穷猴光腚

欺软怕硬
盖得住火
藏不住烟
匹夫见辱
拔剑而起
《留侯论》
君子能忍
坐待时机
事怕合计
人怕客气
江山易改
本性难移
皮鞭伤肉
恶语伤心
小人记仇
君子感恩

天凭日月
人凭良心
巧言乱德
谗言害人
贪得小利
失了大节
遇事不恼
长生不老
器量须大
心境亦宽
来者不善
善者不来
清·赵翼
从善如登
从恶如崩
《国语·周语》

放下屠刀
立地成佛
明·彭大翼

改过不吝
从善如流
北宋·苏辙

病魔可驱
恶名难除
英·约翰·雷

宁人负我
无我负人
唐·房玄龄

成也萧何
败也萧何
宋·洪迈

项庄舞剑
意在沛公
西汉·司马迁

抽薪止沸
剪草除根
北齐·魏收

善恶之殊
如火与水
不能相容
宋·欧阳修

一念疏忽
是错起头
一念决裂
是错到底

世间万事
美德为首

俭以养德
静以修身
三国·诸葛亮

养德百日

表德一时

道德破产
一切皆完

游谈损德
言多伤神
《中华圣贤经》

不能正己
安能化人

成人之美
乐善好施

见义勇为
当仁不让

得意淡然
失意泰然
《六然训》

小事糊涂

大事果断

勇士责己
懦夫怨人
《四字圣贤经》

见势莫趋
见威不惊

坏人作恶
自造地狱

与人为善
一路吉祥

穷不忘操
贵不忘道
唐·皮日休

朗如日月
清如水镜
唐·杨炯

皇天无亲
惟德是辅
春秋·左丘明

得人者兴
失人者崩
《史记·商君列传》

金玉不琢
美珠不画
汉·桓宽

求真爱美
以德为魂
蒋锡夔

草木秋死
松柏独在
刘同

美色悦目
美德感人
英·蒲柏

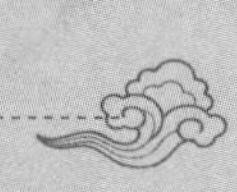

过则相规
言而有信
《论语·学而》

脱俗成名
超凡入圣
《菜根谭》

勿犯公论
勿陷权门
《菜根谭》

放弃信念
无异死亡

洁身自好
免除烦恼

生命不息
希望常在

宁可失钱
不可失信

钟在寺里
声在外边

生有壮志
死无杂念

贪图名利
多有私恩

仁者爱人
义者尊老

传统美德
颂扬千年

千里之行
始于足下
春秋·老子

好的信誉
等于财富

人要自信

不能自卑
李树荫

大雪深深
雪花积成
美国谚语

贫不学俭
富不学奢
后晋·张昭远

宁为玉碎
不为瓦全
西汉·司马光

信用如镜
一有裂痕
难以复原
瑞士·亚美路

眼高手低
矮墙难过

奋力苦战
雄关易破

有志之人
战天斗地

无志之人
怨天恨地

谦虚受益
满盈招损
《菜根谭》

谨言慎行
君子之道

说话谨慎
胜于雄辩

说话是银
沉默是金

穷寇勿追

投鼠忌器
《菜根谭》

不知深浅
切莫过河

当着矮人
莫说短话

吃饭防噎
走路防跌

大富由命
小富在人

耳听为虚
眼见为实
《汉书·赵充国传》

众口难辩
孤掌难鸣

闲事少管

无事早归
隐恶扬善

谨言慎行
忙里偷闲
闹中取静

处富知贫
居安思危
《菜根谭》

冷静观人
理智处事
《菜根谭》

量宽福厚
器小禄薄

拨弄是非
纯属小人

少时思老

荣时思枯
生死成败
任其自然

宠辱不惊
去留无意

安身为乐
无忧为福

乐极生悲
否极泰来
《淮南子·道应训》

胆大如斗
心细如发
《古今贤文》

满瓶不响
半瓶叮当

功成名就

切忌自炫
宽厚为怀
大度能容
言不乱发
笔不妄动
说者无心
听者有意
事莫做绝
话莫说尽
辞让谦恭
做人之道
谨勤敏慧
做事之要
文明礼貌
德育之要
忠贞做人

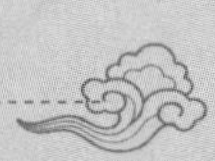

修德行善
河长多滩
路长多弯
瓜无滚圆
人无十全
语言庄重
切忌骄躁
马后少绕
官前少跑
君子务实
小人邀功
道听途说
背后论人
大勇若怯
大智若愚
北宋·苏轼

内清外浊
敝衣裹玉
唐·马总

胜而不骄
败而不怨
战国·商鞅

力能胜贫
谨能防祸
北魏·贾思勰

慎能远祸
勤能济贫
清·申居郧

持之有故
言之有理
战国·荀况

防人疑众
不如自慎
清·郭嵩焘

大祸过后
必有大福
德·歌德

守口如瓶
防意如城
北宋·富弼

知人者智
自知者明
春秋·老子

自损者益
自益者损
汉·蔡邕

言必当理
事必当务
战国·荀况

节酒慎言
喜怒必思
唐·房玄龄

快乐是善
愁苦是恶
美·莫尔兹

天无二月
人无二理
明·吴承恩

正身直行
众邪自息
汉·刘安

树高千丈
落叶归根
宋·普济

财散可来
名辱不复
清·魏裔介

知足常乐
能忍自安
陶觉

远虑者安
无虑者危
三国·诸葛亮

放情者危
节欲者安
汉·桓宽

实处着脚
稳处下手
明·吕坤

物竞天择
适者生存
英·达尔文

酒极则乱
乐极生悲
西汉·司马迁

山峭者崩
泽满者溢
西汉·贾谊

日中则移
月满则亏
西汉·刘向

善游者溺
善骑者堕
《淮南子·原道训》

末大必折
尾大不掉
春秋·左丘明

一人得道
鸡犬升天
东汉·王充

自高无卑
无卑则危
自大无众
无众则孤
明·李梦阳

义侠交友
纯心作人

尊重别人
受人尊重

己友要交
父友莫忘

新友要结
旧友勿失

浇花浇根
交友交心

朋友要亲
账目要清

虎怕离山
人怕孤单

一方有难
八方支援

篱笆要桩
好汉要帮

人非圣贤
孰能无过
《左传·宣公二年》

背后之言
岂能全信
《水浒传》

言多语失
食多伤身

兴利除弊
防微杜渐

少年偏信
老汉多疑
《闺训千字文》

人怕丢脸
树怕剥皮

口说无凭
立字为据

不怕一万
就怕万一

利令智昏
灾祸上身

趋炎附势
人情之常

壶小易热
量小易怒

井底之蛙
不识大海

水深不响
水响不深

贪字似贫
婪字如焚

过河拆桥
上房撤梯

以眼还眼
以牙还牙

有也五八
没也四十

一箭易断
十箭难折

人多势强
狗多咬狼

荷花虽好
绿叶扶持

始交不慎
后必成仇
清·申居郧

能容小人

方成君子
明·冯梦龙

势利之交
难以经远
三国·诸葛亮

进贤成智
近愚益惑
明·徐元太

人之相知
贵相知心
法国·巴尔扎克

四海之内
皆兄弟也
春秋·孔子

对酒当歌
人生几何
三国·曹操

贤惠在心
不在贵贱
汉·王符

休戚与共
患难相救
孙中山

一日不见
如隔三秋
《诗经》

送君千里
终须一别
明·施耐庵

近朱者赤
近墨者黑
清·赵翼

名师难求
好友难逢
盖叫天

来客如鱼
三天便臭
美·富兰克林

人人有脸
树树有皮
明·兰陵笑笑生

记人之功
忘人之过
汉·班固

受不得屈
做不得事
清·申居郧

受不得穷
立不得品
清·申居郧

单丝不线
孤掌难鸣
明·施耐庵

万夫一力
天下无敌
明·刘基

心合意同
谋无不成
汉·东方朔

同病相怜
同忧相救
汉·赵晔

积羽沉舟
群轻折轴
汉·刘向

他山之石
可以攻玉
《诗经·小雅·鹤鸣》

义动君子
利动小人
南北朝宋·范晔

为富不仁
为仁不富
汉·桓宽

习闲成懒
习懒成病
颜之推

轻则寡谋
骄则无礼
《国语·周语》

狂热冒险
死是必然
德·歌德

朋友邀宴
可以徐往
朋友有难
必须速往
不知其人

请观其友
不知其友
请观其人
马长山

一叶蔽目
不见泰山
两豆塞耳
不闻雷声
《鹖冠子·天则》

同美相忌
同智相谋
同贵相害
同利相忌
汉·黄石公

以势交者
势倾则绝
以利交者

利穷则散
隋·王通

一死一生
乃知交情
一贫一富
乃知交态
一贵一贱
交情乃见
西汉·司马迁

三人同行
必有我师

言易招尤
书能化俗

学贵有恒
道在悟真
《菜根谭》

雪夜读书
神清气爽
《菜根谭》

教学相长
能者为师

博览群书
通天彻地

不懂装懂
永世饭桶

大智若愚
大巧似拙

君子德行
其道中庸

辨别是非
认识大体

卧云弄月

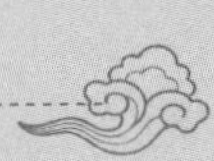

绝俗超尘

君子量大
小人气大

海纳百川
有容乃大

人无完人
金无足赤
宋·戴复古

创业艰难
守业不易

水到渠成
瓜熟蒂落
《菜根谭》

吃一回亏
学一回乖

不怕路远

就怕志短
水滴石穿
绳锯木断
万丈高山
起自微尘
《中华圣贤经》
雨过天晴
苦尽甘来
胸无大志
枉活一世
空谈一场
业绩不长
差之毫厘
谬以千里
春秋·孔子
急中有失

怒中无智
成功不骄
失败不怨
光阴似箭
日月如梭
《增广贤文》
聪明一世
糊涂一时
学懒三日
学勤三年
君子动口
小人动手
位盛危至
德高谤兴
壁立千仞
无欲则刚

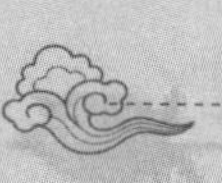

溪壑易填
人心难满
追求卓越
永无止境
因风吹火
用力不多
大处着眼
小处着手
迁延因循
一事无成
起早三光
迟起三慌
策功茂实
勒碑刻铭
《千字文》
无功受禄

寝食不安
大肚能容
笑口常开
失之东隅
收之桑榆
《后汉书·冯异传》
一着不慎
满盘皆输
人为财死
鸟为食亡
《增广贤文》
鹬蚌相争
渔翁得利
财是怨府
贪是祸胎
急流勇退

与世无争

做在人先
利在人后

泡沫人生
何争名利

贫则无虑
贱则常安

谋事在人
成事在天
明·罗贯中

酒多人癫
书多人贤

废寝忘食
枕典学习

目不窥园
聚精会神

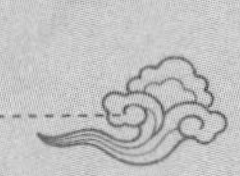

行成于思
业精于勤
《进学解》

锲而不舍
持之以恒

学贵心悟
守旧无功

厚积薄发
学无止境

榜上无名
脚下有路

本领随身
伴随一生

八仙过海
各显神通
《西游记》

敏而好学
不耻下问
《论语·公冶长》

读书种田
早起迟眠

少年之时
切勿蹉跎

教育子弟
要求宜严

休惯子孙
溺爱是患

孔子教人
各因其材
南宋·朱熹

书读百遍
其义自见
晋·陈寿

好学不倦
必成大才
美·林肯

文贵穷理
理贵言情
唐·皮日休

文生于情
情生于文
《晋书》

十年树木
百年树人
春秋·管仲

一日为师
终生为父

行万里路
读万卷书
明·顾炎武

边学边问
才有学问
法·卢梭

不知则问
不能则学
汉·董仲舒

善学邯郸
莫失故步
清·袁牧

为善最乐
读书更佳
清·阮葵生

学贵得师
亦贵得友
明·唐甄

得地千里
不如一贤
北宋·范仲淹

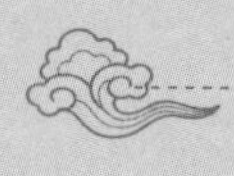

黄金千累
不如一贤
西晋·杨泉

治国之难
在于知贤
战国·列御寇

奉公举贤
不避仇雠
战国·吕不韦等

劳于求才
逸于任贤
唐·魏征

探索真理
开拓创新
江泽民

人非尧舜
谁能尽善
唐·李白

一刻千金
莫负青春
臧克家

千里之行
始于足下
春秋·老子

知而不做
等于不知
日本·铃木健

弄巧成拙
为蛇画足
宋·黄庭坚

上不怨天
下不尤人
汉·戴德·戴圣

羽毛未丰
切莫飞翔
法国谚语

傲慢一现
谋事必败
古希腊·希尔泰

学以道尊
礼为教首
唐·胡连

好问之人
一无所失
英·哈代

百炼成字
千炼成句
宋·尤袤

情至之语
自能感人
明·袁宏道

光阴易逝
岂容我待
英·乔叟

种瓜得瓜
种豆得豆
明·朱之瑜

谁人无过
当容其改
《新唐书》

现在之劳
未来之乐
法·拿破仑

持萤烛象
得首失尾
明·徐光启

管中窥豹
时见一斑
南北朝·刘义庆

众盲摸象
各说异端
宋·释道元

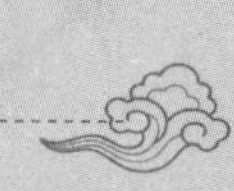

让一得百
争十失九
马克·吐温

人急悬梁
狗急跳墙
张春帆

少不勤苦
老必艰辛
北宋·林逋

不勤于始
将悔于终
唐·吴兢

博学切问
所以广知
汉·黄石公

得时无怠
时不再来
《国语·越语》

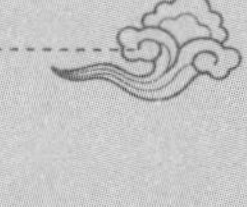

多灾多难
百炼成钢
英·莎士比亚

宁为狮尾
不为狐头
巴比伦·塔木德

佳期难得
好事多磨
金·董鲜元

自满者败
自矜者愚
北宋·林逋

义者无敌
骄者先灭
宋·司马光

机不可失
时不再来
唐·张九龄

尺壁非宝
寸阴可惜
南朝梁·萧绎

山不碍路
路自通山
明·吴承恩

行生于己
名生于人
唐·李延寿

当取不取
过后莫悔
明·施耐庵

滴水穿石
业精于勤
郭沫若

学以立德
学以增智

学以创业
胡锦涛

读书学习
不怕迟慢
最怕停顿
法·福楼拜

如人无手
虽至宝山
终无所得
《大乘本生心地观经》

读书治学
只有苦功
而无捷径
刘叶秋

囫囵吞枣
不知其味
一目十行
不知其意

有真才者
必不矜才
有实学者
必不夸学

蓬蒿之下
或有兰香
茅茨之下
或有公王

加紧学习
抓住中心
宁精勿杂
宁专勿多
周恩来

命意贵远
用字贵便
造语贵新
炼字贵响
元·陆辅之

一息尚存
机会未失
独臂擎天
事在人为
许地山

与天奋斗
其乐无穷
与地奋斗
其乐无穷
与人奋斗
其乐无穷
毛泽东

克勤于邦
克俭于家

居家要俭
待客要丰
家有千金

不点双灯
精打细算
油盐不断
粮收万担
不丢剩饭
小富由俭
大富由天
大吃大喝
卖锅当屋
嘴无贵贱
吃垮州县
细水长流
吃穿不愁
勤能抑懒
省能补贫

勤俭持家
宽和待人

人平不语
水平不流

人穷志短
马瘦毛长

《五灯会元·五祖法演禅师》

穷找穷亲
富找富邻

不为浊富
宁愿清贫

贫穷自在
富贵多忧

以财为草
以身为宝
做人为要

生财有道
穷勿信命
病勿信鬼

大厦千间
夜眠八尺

富而不施
富不长久

财大气粗
艺高口狂

薄技在身
胜握千金

心要常操
身要常劳

创业百年
败家一天

盲目蛮干
万事不成

十帮一易
一帮十难

贮水防旱
积谷防荒

三分靠种
十分靠管

七十二行
庄稼为王

俭开福源
奢生贫兆

荣华富贵
求之有道

庄稼怕旱
干活怕站

只要苦干
事成一半

物离乡贵
人离乡贱

不想出汗
休想吃饭

贫生于富
弱生于强

不经冬寒
不知春暖

谋财艰辛
守财担心
失财伤心

法·德拉克斯

先富后贫
寸步难行

先穷后富
挺胸阔步

人生在勤
勤则不匮

户枢不蠹
流水不腐
元·许名奎

性格刚强
意志果断

言行谦虚
处事不乱

关西出将
关东出相
《晋书·姚兴载记》

见兔放鹰
遇獐发箭

驽马十驾
功在不舍
《荀子·劝学》

人要闯荡
马要去放

不磨不炼
不成好汉

胸有抱负
不怕磨难

苗要自长
人要自强

不入虎穴
焉得虎子
东汉·班超

艰难之路
唯勇者行
俄·卡罗琳

宁鸣而死
不默而生
北宋·范仲淹

人定胜天
造化自我
清·魏源

宝剑不弯
真金不锈
俄罗斯·谚语

当断不断
反受其乱
西汉·司马迁

路见不平
拔刀相助
元·马志远

天塌地陷
母爱不变

宠狗上灶
宠子不孝

当面教子
背面教妻

一日夫妻
百世姻缘

两眼睁开
要在婚前

爱情为钱
万恶之源

人急投亲
鸟急投林

亲为亲好
邻为邻安

夫妻恩爱
万年富贵

同床异梦
难处难久

闲事少管
无事早归

野花上床
家败人亡

男弱女强
幸福不长

公不离婆
秤不离砣

妻以夫荣
母以子贵

上和下睦
夫唱妇随

爱不释手
赞不绝口

夫妻和好
白头到老

千枝连根
十指连心

窈窕淑女
君子好逑
《诗经》

道路各别
养家一般

千金买宅
八百买邻

家有一老
犹如一宝

娇生惯养
没好儿郎
树杈要砍

孩子要管

长兄如父
老嫂比母

家有千口
主事一人

父慈子孝
夫信妻贞

孤犊触乳
骄子骂母
南北朝·范晔

儿女情长
英雄气短
明·许自昌

母爱之爱
春天常在
法国谚语

没有母爱
何为家庭
美·霍桑

其爱欲深
其言愈寡
英·约翰·雷

夫妻和睦
一家之福
俄罗斯谚语

教妇初来
教儿婴孩
北齐·颜之推

人居两地
情发一心
清·曹雪芹

柔情似水
佳期如梦
宋·秦观

共舆而驰
同舟共济
南北朝·范晔

妻子不贤
倒霉百年
日本谚语

一人得道
鸡犬升天
东汉·王充

父母积钱
子女挥霍
孙子行乞

父母之恩
水不能溺
火不能灭
俄罗斯谚语

养子不教

不如不要

苗怕虫咬
儿怕娘娇

孩子谁生
这不要紧
孩子谁教
这很重要

对于爱情
年是什么
既是分钟
又是世纪
法·雨果

少吃安脾
太饱伤气

少吃多餐
益寿延年

食不过饱

衣不过暖

男人靠胃
女人靠睡

笑口常开
青春常在

一顿吃伤
十顿喝汤

寡欢多愁
易得癌瘤

烟酒不尝
身体必强

食不过饱
饮不过量

贪吃贪睡
添病减岁

石闲生苔
人闲生病

粗饭养人
粗活益身

手舞足蹈
九十不老

朴能镇浮
静能御躁
清·申居郧

不乐损年
长愁养病
北周·庾信

饮酒不节
杀人顷刻
明·李时珍

食不过饱
饮酒不醉
美·富兰克林

人之养生

饮食为要
清·胤祯

养生之道
节欲少劳
唐·孙思邈

久卧伤气
久坐伤肉
《黄帝内经·素问》

基本吃素
坚持走路
遇事少怒
劳逸适度
毛泽东

善养生者
食不过饱
饮不过多
夏不极凉
冬不极温
东晋·葛洪

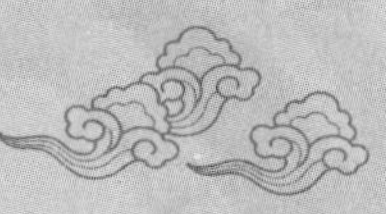

谋事在人
成事在天
明·罗贯中

养兵千日
用兵一时
明·施耐庵

清浊并包
善恶兼容
《菜根谭》

水来土掩
兵到将迎

明修栈道
暗度陈仓
《三国演义》

军有归心
必无斗志
《四字圣贤经》

二虎相争

必有一伤
《八义集·张维评话》

孤羊逢狼
定遭祸殃

头回上当
二回心亮

一马当先
万马奔腾

宁可牺牲
不可屈服

上马管军
下马管民
《水浒传》

执法如山
不徇私情

人心似铁
官法如炉

前车之鉴
警钟长鸣

力戒空谈
实事求是
毛泽东

居安思危
有备无患
《左传·襄公二十一年》

千军易得
一将难求
元·马致远

天下虽安
忘战必危
《司马法·仁本》

箭在弦上
不得不发
《太平御览》

治国常富

乱国常贫
春秋·管仲

得道多助
失道寡助
战国·孟子

众志成城
众口铄金
《国语·周语》

天下虽兴
好战必亡
唐·白居易

天下兴亡
匹夫有责
清·顾炎武

国耻未雪
何由成名
唐·李白

赤心事上

忧国如家
唐·韩愈

忠臣既用
奸邪自息
明·胡居仁

扬汤止沸
不如去薪
南北朝·范晔

一计失算
遗恨千古
波兰·显克微支

愿效老牛
为国捐躯
童第周

广开言路
博采群谋
明·俞汝楫

国而忘家

公而忘私
东汉·班固

国既不国
家何能有
杨靖宇

谏之双美
毁之两伤

内修文德
外严武备
《百战·寄略·亡占》

用兵之害
犹豫最大
唐·马总

胸有成算
获胜一半
西班牙格言

击其不意

攻其不备
《太公六韬·临境篇》

柔能制刚
弱能克强
汉·黄石公

守口如瓶
防意如城
宋·周密

鞠躬尽瘁
死而后已
三国·诸葛亮

育才造士
为国之本
唐·权德舆

为治之本
务在宁民
晋·陈寿

识时务者
在乎俊杰
晋·陈寿

杀人偿命
欠债还钱
宋·李之彦

善不可失
恶不可长
春秋·左秋明

功不滥赏
罪不滥刑
唐·元结

当杀不杀
大贼乃发
东晋·葛洪

法施于人
虽小必慎
北宋·欧阳修

赏一劝百
罚一惩众
隋·王通

立法贵严
责人贵宽
北宋·苏轼

临事贵守
当机贵断
兆谋贵密
清·申涵煜

避而骄之
引而劳之
攻其无备
出其不意
《孙膑兵法·威王问》

兵不可玩
玩则无威

兵不可废
废则召寇
汉·刘向

百年随时过
万事转头空
命好心也好
富贵直到老
命好心不好
中途夭折了
心命都不好
穷苦直到老
岁去人头白
秋来树叶黄
唐·卢纶《同李益伤秋》

得意走官场
失意写文章

心田先祖种
福地后人耕
人生重结果

种田看收成

黄金无足色
白璧有微瑕
宋·戴复古《寄兴》

名利淡如水
事业重如山

无志愁压顶
有志能搬山

入门乐天伦
出门寻山水

年轻人漂亮
老年人明智

老年记性差
青年经验少

留得青山在
不怕没柴烧
《史记·淮阴侯传》

早知三日事
富贵一千年

人生不满百
常怀千岁忧

人行犹可复
岁月哪可追
宋·苏轼

夕阳无限好
只是近黄昏
唐·李商隐

白丝与红颜
相去咫尺间
唐·邵谒

胜利和眼泪
这就是人生
法·巴尔扎克

雨中黄叶树
灯下白头人
唐·司空曙

人生需广大
勿作井底蛙
南宋·陆游

君子乐其志
小人乐其事
《六韬·文韬·文师》

千里不同风
百里不同雨
汉·王充

不遇阴雨后
岂知明月好
清·孙筱蔚

花有重开日
人无再少年
元·关汉卿

怀疑即思考
思考即人生
英·康拉德

鸟美在羽毛
人美在学问
苏联·高尔基

只要我活着
就绝不白活
英·巴特勒

进步是目的
理想是标准
法·雨果

吃得苦中苦
方为人上人
明·冯梦龙

放荡功不遂
满盈身必灾
宋·张咏

人固有一死
或重于泰山
或轻于鸿毛
汉·司马迁

鲲鹏九万里
直上去海巅
伟哉大宇宙
壮志充其间
朱德

为草当作兰
为木当作松
兰幽香风远
松寒不改容
唐·李白

猛士不带剑
威武岂得申
丈夫不报国
终为愚贱人

狱卒呼吾名
从容就酷刑
人生谁不死
我当享遐龄
敖昌骙

英雄非无泪
不泪故人前
男儿七尺躯
愿为祖国捐
陈辉

丝染无复白
鬓白无重黑
努力爱青春
一失不再得
清·施闰章

与信心同青
与犹豫同老
与希望同青

与绝望同老
与自信同青
与恐惧同老
美·麦克阿瑟

人不劝不善
钟不打不鸣
但留方寸地
留与子孙耕
劝人总有益
损人两头空
《曾广贤文》

是非终日有
不听自然无
理正不怕官
心正不怕天
谚语

乾坤容我静

名利任他忙

有功不自恃
栽树不乘凉

贱力得人敬
贱口讨人憎

忘功不忘过
忘怨不忘恩

百病从口入
百祸从口出

人亲财不亲
人熟理不熟

人欺不是辱
人怕不是福

得意时淡然
失意时泰然

有书真富贵
无官一身轻

见官莫向前
作客莫在后

大事不糊涂
小事不渗漏

养天地正气
法古今完人

三百六十行
行行出状元

兄弟敦和睦
朋友笃诚信
唐·陈子昂《座右铭》

世路由它险
居心任我平

酒是穿肠箭

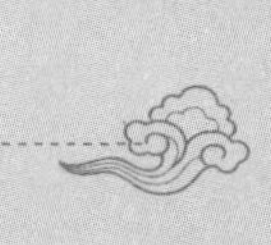

色是刮骨刀
赌是万恶源
财是迷魂药

爱国必守法
明礼才成章

竹死不变节
花落有余香

得意莫像龙
失志莫像虫

事上当谨慎
待下宜宽容

骄傲快步走
跌跤在前头

常问路的人
不迷失方向

你立你的功
我撞我的钟

不听众人劝
必定遭难堪

要知心腹事
需听背后言

下棋找高手
弄斧到班门

酒肉穿肠过
佛祖心中留
《济公李修缘》

君子喻于义
小人喻于利
宋·罗大径

成人不自在
做事要诚信
李国豪

生当作人杰，死亦为鬼雄。
李清照

一语不能践，万卷徒空虚。
明·周立

清心为治本，直道是身谋。
宋·包拯

瓜田不纳履，李下不正冠。
宋·郭茂倩

独视者谓明，独听者谓聪。
战国·韩非

识时贵知今，通情贵阅世。
清·黄遵宪

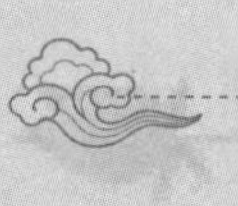

度量大似海，意志坚如铁。
毛泽东

君子坦荡荡，小人常戚戚。
春秋·孔子

顾行而忘利，守节而仗义。
汉·班固

节食则无疾，择言则无祸。
宋·何坦

立志言为本，修身行乃先。
唐·吴叔达

轻誉者失实，轻许者失言。
春秋·李耳

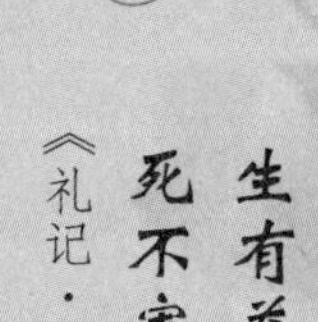

生有益于人，死不害于人。
《礼记·檀弓上》

盛满易为灾，谦冲恒受福。
清·张廷玉

利欲轻鸿毛，名节重泰山。
明·于谦

饱应知人饥，温应知人寒。
英·狄更斯

镜破不改光，兰死不改香。
唐·孟郊

多责备自己，少埋怨别人。
日本谚语

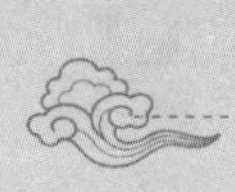

多宽恕别人，莫宽恕自己。
美·赫伯斯

对人要和气，但不要狎昵。
英·莎士比亚

虎瘦雄心在，人贫志气存。
金·万松老人

三日不见面，莫作旧时看。
宋·释道元

此处不留人，自有留人处。
南朝陈·陈叔宝

有礼貌的人，能走遍天下。
法国谚语

途穷哪免哭
身老不禁愁

唐·杜甫

知畏惧成人
知羞耻成人
知艰难成人

清·李光庭

富贵不能淫
贫贱不能移
威武不能屈

战国·孟子

楼上还有楼
山外还有山
天上还有天

德·歌德

事不可做尽
言不可道尽
势不可倚尽

福不可享尽
人若近贤良
譬如一张纸
以纸包兰麝
因香而得香

清·金缨

人若近邪友
譬如一支柳
以柳串鱼鳖
因臭而得臭

清·金缨

人必其自爱
然后人爱之
人必其自敬
然后人敬之

西汉·扬雄

官清司吏瘦
神灵庙祝肥

水深流去慢
贵人话语迟
官满如花榭
势败奴欺主

《明贤集》

做官先做人
万事民为先
要任人唯贤
忌任人唯亲
水清沙自洁
官贤弊自绝
位尊而无功
奉厚而无劳

《触龙说太后》

三年清知府
十万雪花银

安危思社稷
荣辱共承担

《正气歌》

清廉近乎威
公平近乎明
勤勉近乎才
为民近乎忠
当记苍生苦
不忘鱼水情
执政莫忘本
得志莫骄横
做人要自省
从政要自警
坦然看世界
磊落度人生
官有十条路

九条民不知
惟有圈中人
才知圈中事

官清民亲近
主雅客来勤

伴君如伴虎
刻刻要当心

权是双刃剑
荣辱两边沾

有公德乃大
无私品自高

赏不认冤仇
罚不论骨肉

见事知长短
人面识高低

量小非君子
无毒不丈夫

认理不认人
帮理不帮亲

从官贵恭谨
立身贵廉明
唐·陈子昂

一生无我想
尽瘁为人民
胡厥文

上清而无欲
下正而无仆
西汉·刘向

君好则臣为
上行则下效
唐·白居易

上邪下难正

众枉不可矫
南朝·何承天

罚不讳强大
赏不私近亲
西汉·刘向

销恶于未萌
弭祸于未形
北宋·司马光

领导管得少
才能管得好
美·杰克·韦尔奇

高者未必贤
下者未必愚
唐·白居易

狡吏不畏刑
贪官不避赃
唐·皮日休

权无限则专
权不清则争
李大钊

高以下为基
民以食为天
晋·潘岳

权为民所用
情为民所系
利为民所谋
胡锦涛

信任少数人
不害任何人
爱所有的人
英·莎士比亚

对人民来说
第一是面包
第二是教育
法·丹东

守得住清苦
耐得住寂寞
挡得住诱惑
顶得住压力

建有用之言
立创新之论
献务实之策
谋长远之道

唯公则生明
唯廉则生威
唯恕则清平
唯俭则足用
洪应明

襟怀纳百川
志越万仞山
目极千年事
心地一平原
柳青

观今宜鉴古
无古不成今

国清才子贵
家富小儿娇
宋·释宗杲

心高遮世事
人高谈古今

听君一席话
胜读十年书

贤乃国之宝
儒为席上珍

擎天白玉柱
架海紫金梁

人中有吕布
马中有赤兔

千里马常在

伯乐不常在
唐·韩愈

连林人不觉
独树众乃奇
晋·陶渊明

善将不择兵
善书不择笔
南宋·刘子翚

科学是统帅
实践是士兵
意大利·达芬奇

知识是工具
而不是目的
俄·列夫·托尔斯泰

蛟龙得云雨
终非池中物
晋·陈寿

会当凌绝顶
一览众山小
唐·杜甫

人若不要钱
准保成圣贤
苏联·高尔基

爱好出勤奋
勤奋出天才
郭沫若

举足登高台
须有凌云志
英·克拉夫

追求无终日
目标无止境

你能想到的
就会做得到

伟人的目标

常人的梦想
美·华盛顿·欧文

目标要明确
期望要合理

逆境显天才
顺境藏天分
古罗马·贺拉斯

宁向直中取
不可曲中求
《增广昔时贤文》

量小非君子
品高大丈夫

自古皆有死
人无信不立

再三须慎意
第一莫昧心

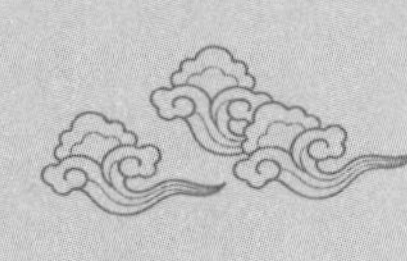

修行而名立
理得则心安

月缺不改光
剑折不改钢

忠心天地鉴
意诚江河长

海枯终见底
人死不知心

威武不能屈
权势不能侵

人正千夫敬
官清万人服

打人莫伤脸
骂人莫揭短

一正压百邪
少见必多怪

和气致祥瑞
洁白留清明

山泉去凡心
书画消俗气
《菜根谭》

淡泊以明志
宁静以致远
三国·诸葛亮

谦虚是品德
骄傲必自伤

天高任鸟飞
海阔凭鱼跃
宋·阮阅

痒要自己抓
好要别人夸

多下及时雨
少放空后炮

若要不怕人
不做怕人事

花香不在多
室雅不在大

临财勿忘义
见义生可轻
清·李塨

推诚而不欺
寄信而不疑
宋·林逋

待物莫如诚
诚真天下行
宋·邵雍

源洁则流清
形端则影直
唐·王勃

不为穷变节

不为贱易志

西汉·桓宽

一生无媚骨
至死不饶罪

陈毅

宁正直而败
毋诡诈而胜

蔡元培

生命的灵魂
心灵的灯塔
成功的向导

身贵而愈恭
家富而愈俭
胜敌而愈戒

战国·荀子

所守者道义
所行者忠信

所措者名节

北宋·欧阳修

人之生也直
心直则身直
可立地参天

明·王文禄

大雪压青松
青松挺且直
要知松高洁
待到雪化时

陈毅

雪压竹头低
低下欲沾泥
一轮红日起
依旧与天齐

方志敏

百川有余水
大海无满波

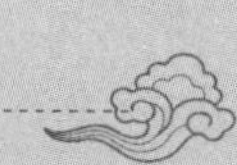

器量各相悬
贤愚不同科

唐·孟郊

身如逆流船
心比铁石坚
望父全儿志
至死不怕难

明·李时珍

能言未是难
行得始为艰
须是真男子
方能无厚颜

宋·邵雍

财能使人贪
色能使人嗜
名能使人矜
势能使人倚
四患既都去

岂在尘埃里

宋·邵雍

发明千千万
起点是一问
禽兽不如人
过在不会问
智者问的巧
愚者问的笨
人力胜天工
只在每时问

陶行知

钢铁怕火炼
困难怕硬汉
刀在石上磨
意志苦中练
勇向潮头立
敢为天下先

《中国创造》

烈火能炼金
忧患能炼人

疾风知劲草
烈火识真金

意志坚如铁
度量大似海

你不怕困难
困难就怕你

山高流水长
志大精神旺

只要人有恒
万事都能成

工作没贵贱
志气有高低

不怕楼房高
只要根基牢

造房要架梁
撒网要抓纲

长的是磨难
短的是人生
张爱玲

天下无难事
只要肯登攀
毛泽东

真正的勇敢
都包含谦虚
英·吉尔伯特

若要功夫深
铁杵磨成针
明·曹学佺

灰心生失望
失望生动摇
动摇生失败
《培根论·人生》

善为天下者
因祸而为福
转败而为功
汉·贾谊

强大的勇气
崭新的意志
这就是希望
德·马丁·路德

困难是石头
决心是锄头
锄头敲石头
困难就低头

来客主不顾
应恐是痴人

若要断酒法
醒眼看醉人

忍得一时气

免得百日忧

宁可信其有
不可信其无
《增广贤文》

明知山有虎
莫向虎山行

既在矮檐下
怎敢不低头
《水浒传》

要打深山虎
先安四邻土

憾事人人有
好事古难全

古来冤枉事
皆在路途间

一粒老鼠屎

坏了一锅汤

是草都有根
是话都有因

让人非我弱
得志莫离群

人言未必真
听话听三分

邪不能胜正
假不能当真

要若人不知
除非己莫为
《汉·枚乘》

算命若有准
世上无穷人

药不治假病
酒不解真愁

气是无名火
忍是敌灾星

人无千日好
花无百日红
元·杨文奎

暗中休使箭
乖里放些呆

但能依本分
终日无烦恼

尽量少告状
饿死莫做贼

对人要诚实
对事要认真

有风方起浪
无潮水自平

路要让一步

味须减三分

对小人不恶
待君子有礼
《菜根谭》

持身不可轻
用心不可重

勿妄自菲薄
勿自夸自傲

酷则失善人
滥则招恶友

执着是苦海
解脱是仙乡
《菜根谭》

木偶能跳动
自有提线人

从好处着想

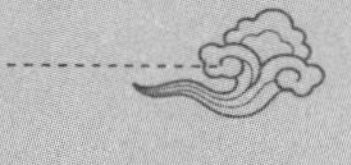

从坏处着眼

无钱休见官
遭难莫寻亲

宁笑到最后
不笑在第一

事快三分错
慢工出细活

路湿早脱鞋
遇事早安排

冷眼观升降
平心论是非
《中华圣贤经》

虎生犹可近
人熟不堪亲
《增广贤文》

宁肯不识字

不可不识人
遇急思亲戚
临危托故人
《中华圣贤经》
钱到他人手
要等他人有
玩笑忌伤人
诙谐忌粗俗
峣峣者易折
皎皎者易污
弓强弦易断
人强祸必随
经一番挫折
长一番见识
树老半空心
人老百事通

有赚就有赔
有利就有弊
谨防怒里性
慢发喜中言
脚长沾露水
嘴长生是非
大意失荆州
骄傲失街亭
天不言己高
地不言己厚
伟人多谦虚
小人多骄傲
强辩者饰非
谦恭者无争
《省心录》
长堤溃蚁穴

君子慎其微
放荡功不遂
满盈身心灾
明知不是伴
事急且相随
未渴先掘井
补漏趁天晴
做事要有理
煮饭要有米
谦和平人怒
让忍息祸殃
亲戚远来香
弟兄高搭墙
路不走不到
事不为不成

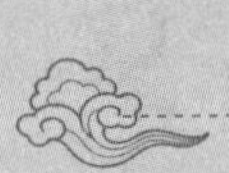

世上无鬼神
百事人做成
穷不与富斗
富不与官争
好学近乎智
知耻近乎勇
人生有节律
知足自常乐
雨落不上天
水覆难再收
四海变秋气
一室难为春
清·龚自珍
以自然为道
养自然之身
北宋·欧阳修

好事须相让
恶事莫相推
唐·王梵志

知足天地宽
贪得宇宙隘
清·曾国藩

工欲善其事
必先利其器
春秋·孔子

事以简为上
言以简为当
宋·陈骙

世道如弈棋
变化不容复
宋·苏轼

南人不梦驼
北人不梦象
明·叶子奇

观察要用智
倾听要用心
土耳其谚语

防微而杜渐
居安而虑危
北宋·吕公著

进有退之意
存有亡之机
得有失之理
《贞观政要》

不思故无惑
不求故无得
不问故无知
北宋·程颐

入境而问禁
入国而问俗
入门而问讳
汉·戴圣

防患先防内
内患隐难知
不见栋梁柱
蝼蚁坏其基

择善人而交
择善书而读
择善言而听
择善行而从

得时莫夸能
不遇休妒世
物盛则必衰
有隆还有替

一物降一物
卤水点豆腐
蝎子怕公鸡
秧苗怕蝼蛄

用人与教人

二者却相反
用人取其长
教人责其短
《增广贤文》

责善勿过高
当思其可从
攻恶勿太严
要使其可受
《增广贤文》

举世好奉承
奉承非佳意
要知奉承者
以尔当玩戏

两高不可得
两大不可容
两势不可同
两贵不可双
汉·刘向

娇惯出危梁
溺爱终是害
放纵如养虎
包庇祸无穷

莫道君行早
更有早行人
《增广贤文》

勤是摇钱树
俭是聚宝盆

欲求生富贵
须下死功夫

没有汗珠淌
哪来饭菜香

从俭入奢易
从奢入俭难

时来铁似金

运去金似铁

有钱道真语
无钱语不真

过俭者吝啬
过让者卑曲

久住令人贱
贫来亲也疏

狗眼看人低
人穷狗也欺

人争一口气
佛争一炷香

刀不磨生锈
人不干落后

晴天带雨伞
饱肚存饥粮

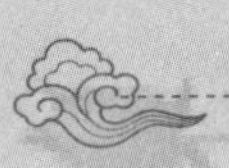

出门不带钱
到处惹人嫌

怕穷休浪荡
想富莫闲逛

人勤地生宝
人懒地生草

一天省一口
一年省几斗

滴水流成河
粒米凑成箩

粮食打再多
野菜备几筐

有勤又有俭
生活比蜜甜

家传勤俭经
好运泽后人

懒惰不谋生
坐吃山也空

粮食入了仓
莫忘灾和荒

穷人见穷人
非亲胜似亲

富人见穷人
是亲不认亲

人心换人心
八两换半斤

盛世藏古董
乱世囤黄金

无本休言利
有货不愁贫

宁可做穷人
不可做坏人

驴子能负重
过重走不动

钱多腰杆硬
力大嗓门粗

有钱神也怕
人穷犬也欺

邻富鸡常往
庄贫客渐稀

有钱人凭嘴
没钱人跑腿

鸡饿赶不走
人饥不怕丑

不怕干活慢
就怕闲吃饭

劳动是个宝
人生少不了

人生天地间
劳动最为先

不怕家里穷
只怕出懒虫

懒汉凭嘴劲
勤人凭干劲

人越睡越懒
嘴越吃越馋

家贫不算贫
路贫贫煞人

胸中无理想
枉然活一世

行动要迅速
思考要缓慢
希腊谚语

命运的变换

如磨盘旋转
西班牙谚语

贫贱是豺狼
富贵是猛虎
法·雨果

勤为无价宝
慎为护身术
英·莎士比亚

留得青山在
不愁没柴烧
明·凌濛初

饱暖非天降
赖而筋与力
明·刘基

贪利者害己
纵欲者戕生
清·金缨

奢而惰者贫
力而俭者富
战国·韩非

浅人好夸富
贪人好哭穷
清·申居郧

好马不停蹄
好牛不停犁

人往高处走
水往低处流

不从忧患始
难望事业成

要得夜明珠
敢于下大海

事事及时做
一日胜三日

欲速则不达
功到自然成

立下凌云志
敢去摘星斗

迎着困难上
顶着风雨走

力是压大的
胆是吓大的

志存九天外
龙游云海间

久在江边站
必有望海心

千锤成利器
百炼变成钢

瞎马鼓勇气
危险在眼前

学艺学到家
吃穿何愁它

少壮不努力
老大徒伤悲
《乐府诗集·长歌行》

头回被蛇咬
二回不走草

走路朝前看
做事往后想

尝试总有益
多问不吃亏

男怕入错行
女怕嫁错郎

天无百日雨
人无一世穷

一切都抓住

一切都失去
欧洲谚语

识高能量大
气盛则声弘
明·薛瑄

青春须早为
岂能长少年
唐·孟郊

只要有耐心
一定能成功
法·谚语

谁不会休息
就不会工作
苏联·列宁

少壮轻年月
迟暮惜光辉
南北朝·何逊

寄语青少年
任重莫等闲
田汉

事业最要紧
名誉是空言
德·歌德

不为不可成
不求不可得
春秋·管仲

良好的开端
成功的一半
古罗马·贺拉斯

希望在自己
并不在别人
巴金

人生何所贵
所贵有始终
唐·卢仝

天下无难事
只怕有心人
明·王骥得

露重飞难进
风多响易沉
唐·骆宾王

创造是前进
改良是落伍
陶行知

如果不费力
东西没价值
西班牙谚语

只要有生命
就会有希望
西班牙·塞万提斯

腹中天地宽
常有渡人船
朱德

水激石则鸣
人激志则宏
清·秋瑾

将相本无种
男儿当自强
明·高明

富贵本无根
尽从勤中得
明·冯梦龙

凡事勤则易
凡事惰则难
美·富兰克林

人往高处走
鱼往深处游
英国谚语

行动是老子
知识是儿子

创造是孙子
陶行知

事不可易成
名不可易得
福不可易享
明·徐祯稷

天下无全功
圣人无全能
万物无全用
战国·列御寇

一死流芳名
一死骨已枯
寄语后世人
观此两丈夫
清·顾炎武

财宝是财产
知识是财产

健康是财产
才能是财产
志气是财产
并随心所欲
日本·木村戒三

相识满天下
知心能几人
《增广贤文》

结交需胜己
似我不如无
《增广贤文》

绝无义之友
结有德之朋
《名贤集》

损友敬而远
益友亲而近

近水知鱼性

近山识鸟音

路遥知马力
日久见人心

要想朋友好
银钱少打扰

亲友不共财
共才不往来

有难共煎熬
结友才牢靠

烈火识真金
逆境验友情

好友勤算账
交情能长久

放眼结良友
社交多思量

爱火不爱柴
火从哪里来

到处留人情
落难天下行

情深恭敬少
知己笑谈多

千里送鹅毛
礼轻人意重

投我以木桃
报之以琼瑶

客来茶当酒
人好水也甜

座上客常满
杯中酒不空

树倒须人扶
人弱要人护

单丝不成线
独木不成林

事成于和睦
力生于团结

兄弟要和睦
亲朋要互助

独手难举石
众手可移山

两人一般心
有钱堪买金

不怕恶人欺
就怕心不齐

急流能勇退
与世皆无争

掘井须到流
结交须到头

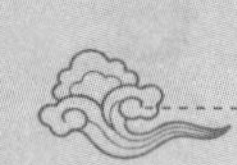

君知我报君
友知我报友

相知无远近
万里尚为邻
唐·张九龄

丈夫志四海
万里犹比邻
三国·曹植

心心复心心
结爱务在深
唐·孟郊

何以报知音
永存坚与贞
唐·孟郊

山河不足重
重在遇知己
唐·鲍溶

纯洁的拥抱
胜千言万语
法·雨果

少年乐新知
衰暮思故友
唐·韩愈

穷达付天命
生死见交情
宋·徐冲渊

人生贵相知
何必金与钱
唐·李白

朋友的眼睛
是一面镜子
美·富兰克林

重义如泰山
轻利如鸿毛
晋·傅玄

昏镜无好面
恶土无善禾
宋·王令

同德则同心
同心则同志
《国语·晋语》

惺惺惜惺惺
好汉识好汉
明·施耐庵

相见情已深
未语可知心
唐·李白

易得笑言友
难逢始终人
唐·李咸用

人心不可测
择友当谨慎
英·莎士比亚

宁可被友欺
不可己欺友
德·歌德

海内存知己
天涯若比邻
唐·王勃

你敬人一尺
人敬你一丈
李晓华

病贫知朋友
乱离识爱情
刘用缄

损友敬而远
益友宜相亲
所交在贤德
岂论富与贫
明·方孝孺

朋友有三种

爱你的朋友
忘你的朋友
恨你的朋友

读书破万卷
下笔如有神

读书须用意
一字值千金

读书知识广
修德子孙贤

幼年不勤学
耽误到终生

少年志在学
岂可被情牵

人生不读书
活着不如猪
活到九十九

书本不离手

学问勤中得
富裕俭中出

不怕学问浅
就怕志气短

学在苦中求
艺在勤中练

有书真富贵
无事小神仙

秀才不出门
便知天下闻

欲知古今事
须读古今书

走路怕脚软
学习怕自满

听话如尝汤
交财始见心

酒逢知己饮
诗向内行吟

书画是雅事
山林是圣地
《增广贤文》

笔落惊风雨
诗成泣鬼神

致富先治愚
治愚办教育

黄金贵有价
知识无价宝

独学而无友
孤陋而寡闻
春秋·孔子

知之为知之
不知为不知
春秋·孔子

好书如挚友
终生不相忘
英国谚语

博观而约取
厚积而薄发
宋·苏轼

读书贵神解
无事守章句
徐洪钧

学问攻炉冶
炼尽三山铁
唐·寒山

学不至于乐
不可谓之学
宋·司马光

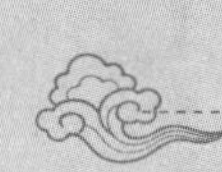

少成若天性
习惯之为常
《大戴礼记·保傅》

百物可决舍
唯书最难别
清·袁枚

循序而渐进
熟读而精思
宋·朱熹

温故而知新
可以为师矣
春秋·孔子

欲得妙于笔
当得妙于心
北宋·黄庭坚

读书何所求
将以通事理
清·张维屏

积学以储宝
酌理以富才
南朝梁·刘勰

铁肩担道义
妙手著文章
李大钊

应知学问难
在乎点滴勤
陈毅

没有时间挤
学不进去钻
谢觉哉

三万六千日
夜夜当秉烛
唐·李白

读重要之书
不可不背诵
宋·司马光

少而好学者
如日出之阳
唐·马总

读书是学习
摘抄是整理
写作是创造
吴晗

诗画之区别
画是哑巴诗
诗是盲人画
意大利·达·芬奇

画人难画手
画树难画柳
画马难画走
画兽难画狗

前事之不忘
后事之师也
汉·刘向

学向勤中得
灯下万卷书
一生书不离
谁笑腹中虚

天子重英豪
文章教尔曹
万般皆下品
惟有读书高
宋·汪洙

朝为田中郎
暮登天子堂
将相本无种
儿女自当强

少小须勤学
知识可立身
满朝朱紫贵
尽是读书人
宋·汪洙

自小多才学
平生志气高
别人怀宝剑
我有笔如刀
《神童诗》

神童衫子短
袖大惹春风
君看为宰相
必用读书人
《神童诗》

莫道校园误
书籍不负人
达而相天下
穷则善其身

读书数万卷
胸中无适主
便如暴富儿
颇为用钱苦
郑板桥

百川东到海
何时复西归
少壮不努力
老大徒伤悲
《汉乐府·长歌行》

读书是易事
思索是难事
但两者缺一
便全无用处
美·富兰克林

盛年不再来
一日难再晨
及时当勉励
岁月不待人
陶行知

学问在早年
光芒如初旭
晚年则已迟

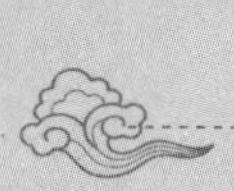

夜行如秉烛
清·归庄

三春花事好
为学须及早
花开有落时
人生容易老
清·无名氏

青春的光辉
理想的钥匙
生命的意义
人类的存在
德·马克思

画不徒写形
正要形神在
诗不在画外
正写画中态
明·李贽

读科学著作

要读最新的
读文学作品
要读最古的
英·布尔沃·利顿

黄金未是宝
学问胜珍珠
丈夫无技艺
虚活一世人
唐·王梵志

攻城不怕坚
攻书莫畏难
科学有险阻
苦战能过关
叶剑英

好事不出门
坏事转州城
但能依本分

终须无烦恼
《增广贤文》

黄金未为贵
安乐值钱多
《西游记》

休依时来势
提防时去年
上山擒虎易
开口告人难
宁可人负我
切莫我负人
饱暖思淫欲
饥寒起盗心
《大红袍全传》

忘记了过去
意味着背叛

击石原有火
逢仇莫记冤
他急我不急
人闲心不闲
忙中多错事
醉后吐真言
好人朋友多
好马主人多
路不铲不平
事不为不成
人不劝不善
钟不敲不鸣
劣才难成器
朽木不可雕
和得邻里好
如同拾到宝

劝君莫烦恼
烦恼人易老
口是祸之门
舌是斩身刀
闭嘴深藏舌
安身处处好
人在家中坐
祸从天上降
劝君少求利
利是焚身火
你对人无情
人对你无义
心正邪不扰
身正恶难欺
途穷天地窄
乱世生死易

公说公有理
婆说婆有理
他有关门计
我有爬墙梯
过河莫拆桥
上房休撤梯
糊涂账常算
家务事难断
你有千条计
我有总主意
自命万事通
无知腹中空
预见到危险
避免了一半
怕见的是怪
难躲的是债

量大福亦大
机深祸也深
好话传三人
有头少了身
坏话传三人
有叶也有根
只畏伪君子
不怕真小人
灯不挑不亮
话不说不明
三年不上门
当亲也不亲
但看三五日
相见不如初
端人家的碗
受人家的管

力微休负重
言轻莫劝人

火到牛头烂
有钱事好办

在家靠父母
出外靠朋友

山不转路转
碰不见遇见

善若施于人
祸不侵自己

寻常看不见
偶尔露峥嵘

老人不讲古
后生会失谱

老姜辣味大
老人经验多

宁舍一锭金
不舍左右邻

话要想着说
不要抢着说

话不要说死
路不要走绝

打人无好拳
骂人无好言

纵有千只手
难堵万人口

话是一股风
转眼到东京

闲时不烧香
急时抱佛脚

良友在身旁

地狱变天堂
德国谚语

慎则祸不及
贪则灾所起
唐·姚崇

无事则深忧
有事则不惧
元·脱脱等

患生于所忽
祸生于细微
西汉·刘向

激浊而扬清
废贪而立廉
唐·柳宗元

冰炭不同器
日月不并明
汉·桓宽

至仁不为恩
至义不为功
清·姚莹

祸和福同门
利和害同行
西汉·刘安

患生于多欲
害生于未备
西汉·刘向

好胜者必争
好勇者必辱
北宋·林逋

用诚心愈多
用手段愈少
恽代英

文士满华堂
不如一直友
清·吴嘉纪

若要度量长
先学受冤枉
明·吕坤

心虚能应事
心平能服人
清·石成金

救人须救急
施人须当厄
明·冯梦龙

欲与君子交
必先做君子
威尔士谚语

人不可貌相
海不可斗量
明·冯梦龙

帮人要帮心
帮心要知心

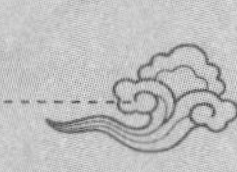

知心要诚心
古希腊·伊索

门内有君子
门外君子至
门内有小人
门外小人至

君子如春风
可爱不可竭
小人如酒颜
但得暂时热
清·顾图河

好名欲速者
不可与共谋
贪而喜诈者
不可与共利
北宋·林逋

君子淡如水

岁月情愈真

小人口如蜜
转眼如仇人
明·方孝孺

来说是非者
便是是非人
宋·释师观

积善有善报
积恶有恶报

善若施于人
祸不侵自己

弘扬真善美
摒弃假恶丑

人无害虎心
虎有伤人意
明·冯梦龙

坏人会装腔

豺狼会装羊

救了落水狗
回头咬一口

嘴里满口蜜
胸中一腔毒

坏人不可怕
小人最难防

善来有善往
恶债有恶偿

识真方知假
无奸不显忠

待小人宜宽
防小人要严

在世不行好
死时如兽鸟

宁与千人好
莫与一人仇
黄蜂尾后针
最毒妇人心
白酒红人面
黄金黑人心
贪欲少一分
幸福将倍增
借钱是朋友
要钱结冤仇
忍得一时气
免得百日忧
为争一口气
输了十亩地
买卖争分毫
人情一匹马

卤水点豆腐
一物降一物
子系中山狼
得志便猖狂
《红楼梦》
空车响声大
浮人空话多
语言不是箭
却能穿透心
人红大家吹
墙倒众人推
人善被人欺
马善被人骑
《增广贤文》
哑巴挨冤枉
至死不开腔

天高皇帝远
有冤无处申
百行孝为先
万恶淫为首
深渊静悄悄
鬼怪可不少
面上笑呵呵
心里毒蛇窝
明里一盆火
暗里一把刀
老鼠爱打洞
坏人爱钻空
爱就是投降
爱就是征服
张申府
最可敬的人

是忏悔的人
李大钊
饱暖生淫欲
饥寒发善心
南宋·陈元靓
爱而知其恶
憎而知其善
《礼记·曲礼上》
强辩者饰非
谦恭者无争
北宋·林逋
恩甚则怨生
爱多则憎至
《亢仓子》
蚜虫吃青草
虚伪吃灵魂
俄·契诃夫

须知香饵下
触口是铦钩
唐·李群玉

隔墙须有耳
窗外岂无人
元·孟德耀

莫道舌头软
伤人快似刀
劝君安乐法
缄口最为高

哑巴吃苦瓜
与你说不得
你要知此苦
还需你自吃
明·王阳明

有钱便使用
死后一场空

名利是缰锁
富贵如浮云

点石化为金
人心犹未足

山中无老虎
猴子称大王

不担三分险
难练一身胆

宁走十步远
不走一步险

聋子不怕炮
瞎子不怕刀

刻薄不赚钱
忠厚不蚀本

喝过黄连水
才知井水甜

说别人的短
打别人的脸

不作异乡人
不知故土亲

贪心易招祸
知足得心安

在家千日好
出门时时难

不怕黑李逵
就怕哭刘备

出门三步远
又是一层天

善恶随人作
祸福自己招

双手是活宝
一世用不了

争着不够吃
让着吃不了

宁做蚂蚁腿
不学麻雀嘴

耳不听不烦
眼不见不净

待善人宜宽
待恶人宜严

纤腰弄明月
长袖舞春风
唐·刘希夷

唯利是图者
胸中无美德
美国谚语

楚王好细腰
宫中多饿死

百年容易过
青春不再来

养儿不读书
不如养头猪

黄忠七十五
正是出山虎

莫说年纪小
人生容易老

见缝须插针
时间争分秒

胸有凌云志
无高不可攀

冬去春又来
年华似流水

节气不饶苗
岁月不饶人

要珍惜时间
别相信命运

人行犹可复
岁月哪可追
宋·苏轼

志士嗟日短
愁人知夜长
陈毅

白日莫闲过
青春不再来
唐·林宽

不贵尺之壁
而重寸光阴
汉·刘安

少壮轻年月
迟暮惜光辉
南朝梁·何逊

春花不自贵
壮岁求其根
清·龚自珍

花有重开日
人无再少年
元·关汉卿

寄语青少年
莫将少年误
陶行知

美容不久留
岁月催人老
法·莫里哀

青春须早为
岂能长少年
唐·孟郊

桃花三月开
菊花九月开

各自等时来

明日复明日
明日何其多
我生待明日
万事皆蹉跎

吃饭先喝汤
不用请处方

经常晒太阳
筋骨强如钢

枪不擦不亮
身不练不壮

心平气和好
九十不显老

讲究吃人参
不如睡五更

进补如用兵

乱补会伤身
喝酒不过量
玩笑要适当
莫吃卯时酒
昏昏醉到酉
不喝过夜茶
不饮过量酒
大渴不大饮
大饥不大食
吃饭少一口
饭后走一走
不沾烟和酒
活得乐悠悠
睡觉不蒙头
清晨郊外走
忧愁令人老

纵欲必伤身
生气催人老
笑笑变年少
无债者为富
无病者为福
心宽体自胖
财大气也粗
体壮人欺病
体弱病欺人
病来如山倒
病去如抽丝
少吃多滋味
多吃伤肠胃
日光不照临
医生便上门
贪多嚼不烂

胃病容易犯
吃饭八分饱
胃口好到老
美德是健康
恶习是疾病
意大利·彼特拉克
无聊是疾病
勤劳是良药
法国谚语
节食以去病
节欲以延年
南宋·朱熹
人欲劳于形
百病不能成
唐·孙思邈
父恩比山高
母恩比海深

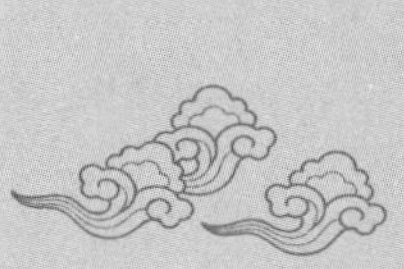

在家敬父母
何必远烧香
《名贤集》
狗不嫌家贫
儿不嫌母丑
十月胎恩重
三生报答轻
一尺三寸婴
十又八载功
要知父母恩
怀里抱儿孙
宁忍自己气
莫伤父母心
母亲的习惯
女儿的样板
家贫知孝子

国乱识忠臣
《名贤集》

妻贤夫祸少
子孝父心宽
《增广贤文》

贤妇令夫贵
恶妇令夫败
婆娘管汉子
金银满罐子
秧好一半谷
妻好终身福
不看家中妻
但看身上衣
男怕入错行
女怕嫁错郎
好狗不咬鸡

好汉不打妻
莫骂酉时妻
一夜受孤凄
漏网的鱼大
离去的妻贤
男以女为伴
女以男为家
若要她爱家
还需你爱她
断弦犹可续
心去最难留
一朝情义淡
样样看不惯
心去最难留
留下结冤仇
结婚不宜早

只要配得好
匆忙的结婚
慢慢地后悔
近亲勿结婚
结婚害子孙
酒肉朋友短
患难夫妻长
家和贫也好
不和富如何
有儿贫不久
无子富不长
情深恭敬少
知爱谈笑多
欢娱嫌夜短
寂寞恨更长
《风云会》

家和人气旺
家败不相让
鸡多不下蛋
媳多懒做饭
老少一条心
家和万事兴
亲戚远离想
弟兄高打墙
割不断的亲
离不开的人
男人挣大钱
女人腰粗圆
女子重前夫
男人爱后妇
千里来相会
必是有缘人

奸情出人命
赌博贱人生

父母去打牌
儿女跟着来

不是一家人
不进一家门

甜不过蜂蜜
亲不过母女

人老嘴头碎
儿媳要耳背

能舍当官爹
不舍讨饭娘

孝在于质实
不在于饰貌
汉·恒宽

父教不可废

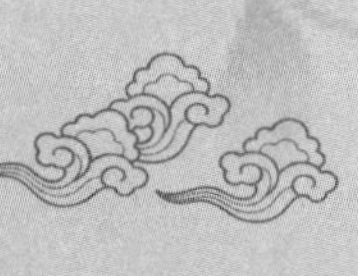

子谏不可拒
汉·班固

儿女抱在身
方知父母恩

与其无教养
不如莫生育
美国谚语

小儿之命运
为母亲所造
法·拿破仑

严家无悍奴
慈母多败子
战国·韩非

凡为父母的
莫不爱其子
清·陈宏谋

少成若天性

习惯如自然
汉·班固

一父养十子
十子养一父
西班牙谚语

贫病知朋友
离乱识爱情
德·席勒

鸡与鸡并食
鸾与鸾同枝
唐·李白

结发为夫妻
恩爱两不疑
宋·苏轼

生为同室亲
死为同穴尘
唐·白居易

但愿人长久
千里共婵娟
宋·苏轼

恋爱是牛奶
新娘是奶油
妻子是奶酪

恋爱是追求
婚姻是追打
离婚是追问
法·罗曼·罗兰

父亲的王国
母亲的世界
儿童的乐园
这就是家庭

积产遗子孙
子孙未必守
积书遗子孙

子孙未必读
慈鸦尚反哺
羔羊犹跪足
人不孝其亲
不如兽与禽

富若不教子
钱谷必消亡
贵若不教子
衣冠受不长
《增广贤文》

生命诚可贵
爱情价更高
若为自由故
二者皆可抛
匈牙利·裴多菲

离开了时间
就没有生命

生命和时间
紧紧相依连
艾青

人生当显贵
每谈布衣交
谁肯居台阁
犹能念草茅
清·陆次云

婚姻的前期
靠爱情维持
婚姻的后期
靠孩子维系

失去了爱情
断了弦的琴
没有油的灯
夏天也寒冷
艾青

国以民为本

民以食为本
《汉书·郦食其传》

国泰民可安
国强民也富

火车跑得快
全靠车头带

百战成勇士
苦练出精兵

治强生于法
弱乱生于阿
战国·韩非

顽铁自谓坚
懒入金炉冶
清·吴嘉纪

国尚礼则昌
家尚礼则大
清·颜元

国正天心顺
官清民自安
明·冯梦龙

人不可树敌
但不可畏敌
英·约·德莱顿

三军可夺气
将军可夺心
战国·孙武

得道者多助
失道者寡助
《孟子·公孙丑下》

让则礼义生
争则暴乱起

为国忘私仇
千秋思廉蔺
清·严允肇

宁做流浪汉
不做亡国奴
丰子恺

捐躯赴国难
视死忽如归
三国·曹植

只要有人类
就会有战争
美·爱因斯坦

水浊则鱼困
令苛则民乱
西汉·司马迁

令苛则不听
禁多则不行
秦·吕不韦

善成者不怒
善胜者不武
唐·房玄龄

入境而问禁
入国而问俗
《礼记·曲礼上》

斧柯不到处
恶木易成林
清·成炳恶

网疏则兽失
法疏则罪漏
汉·桓宽

人道谁无烦恼
风来浪也白头
《增广贤文》

人不可有傲气
但不可无傲骨
徐悲鸿

明珠生于老蚌
猛龙藏于深潭

只有大意吃亏
没有小心上当

圣人有人诽谤
恶魔有人颂扬

饶人不是痴汉
痴汉不会饶人

责人之心责己
恕己之心恕人

使口不如自走
求人不如求己

怕人知道休做
要人敬重勤学

学好千日不足
学坏一日有余

宁给穷人一口
不送富人一斗

水太清则无鱼
人太急则无智

人人积德行善
个个收获吉祥

君子成人之美
而不成人之恶

要有雄心壮志

避免好高骛远
李四光

人自爱则人爱
人自敬则人敬
西汉·扬雄

谁要游戏人生
谁就一事无成
德·歌德

身安不如心安
心宽强如屋宽
石成金

自私自利之心
立人达人之障
明·吕坤

利在于利万人
富在于富天下
唐·白居易

最伟大的胜利
就是战胜自己
苏联·高尔基

宁可忍饥饿死
不可苟利而生
明·焦竑

最贫的是无才
最贱的是无志
英·塞缪尔·约翰逊

唯宽可以容人
唯厚可以载物
明·薛瑄

永远向着未来
不要怀念过去
陶行知

誉人不增其美
毁人不增其恶
汉·王充

律己需带秋气
处世宜带春风
清·张潮

行事不可任心
说话不可任口
清·申居郧

难管的是任性
难防的是惯病
明·吕坤

人有悲欢离合
月有阴晴圆缺
宋·苏轼

不谄上而慢下
不厌故而敬新
汉·王符

亲善产生幸福
文明带来和谐
法·雨果

灵魂是一柄剑
肉体只是剑鞘
英·博林布鲁克

心灵反映生活
面貌反映心灵
法·巴尔扎克

要想了解自己
最好问问别人
日本谚语

捧着一颗心来
不带半根草去
陶行知

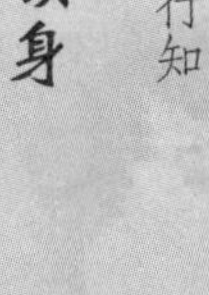

常思奋不顾身
而殉国家之急
西汉·司马迁

当立心做大事
不立心做大官
孙中山

希望就是生活
生活就是希望

男人创造作品
女人创造男人
法·罗曼·罗兰

男子应该善良
女子应该贞淑
美·德莱塞

生要生得光荣
死要死得壮烈
法·卢梭

天有不测风云
人有旦夕祸福
清·曹雪芹

对于凡人来说
平凡就是幸福
德·尼采

过去属于死神
未来属于自己
英国谚语

青春不能挽回
老年无法避免
俄国谚语

烦恼越深的人
越少谈及烦恼
以色列谚语

笑一笑十年少
愁一愁白了头

暂时的是现实
永生的是理想
法·罗曼·罗兰

真理是不朽的
过失是致命的
英·艾迪夫人

命运引导我们
而又嘲弄我们
法·伏尔泰

时间就是生命
时间就是金钱
美·富兰克林

懦夫一生数死
丈夫只死一遭
英·莎士比亚

没有爱的光辉
人生便无价值
德·席勒

勇气通往天堂
怯懦通往地狱
古罗马·塞涅卡

人有逆天之时
天无绝人之路
明·冯梦龙

天下不如意事
常十居其八九
《晋书·羊祜传》

兰芳不厌幽谷
君子不为名修
清·陈弘谋

凡人坏品败名
钱财占了八分
《晋书·羊祜传》

宝剑赠予烈士
红粉赠予佳人
清·王有光

出淤泥而不染
濯清涟而不妖
北宋·周敦颐

当面怕你的人
背后一定恨你
英国谚语

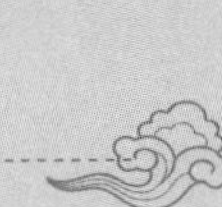

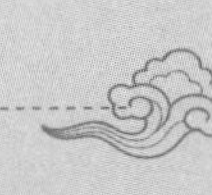

医生是请来的
护士是喊来的
俄·契诃夫

不为私心所扰
不为名利所累
不为物欲所惑

看不准不动手
看准了不松手
干不成不放手

自尊不是轻人
自信不是自满
独立不是孤立
徐特立

切记浮夸铺张
与其说得过分
不如说的不全
俄·列夫·托尔斯泰

忍人所不能忍
容人所不能容
处人所不能处
清·朱衮

人是一部机器
消耗的是粮食
创造的是思想
美·英格索尔

太胆小是懦弱
太大胆是鲁莽
勇敢适得其中
西班牙·塞万提斯

饱而知人之饥
温而知人之寒
逸而知人之劳
春秋·晏婴

律己足以服人
量宽足以得人

身先足以率人
北宋·林逋

不自重者取辱
不自畏者招祸
不自满者受益
不自是者博闻

无正经人交往
其人必是奸邪
无穷亲友往来
其家必然势利
《格言联璧》

谁若游戏人生
他就一事无成
谁不主宰自己
永远是个奴隶
德·歌德

思想懦弱的人
常被灾难压倒
思想伟大的人
往往趁机而起
美·华盛顿

人之所以迷信
只是由于恐惧
人之所以恐惧
只是由于无知
法·赫尔马赫

思危所以求安
虑退所以能进
惧乱所以保治
戒亡所以获存
唐·房玄龄

事未至而预图
则处之常有余
事既至而后计

则应之常不足
南宋·辛弃疾

智慧之果有三
一是思考周到
二是语言得当
三是行为公正
古希腊·德谟克利特

纵然积恶终身
一悔便是回头
莫谓功成九仞
一骄便可坠地
清·申涵光

自重而不自傲
自谦而不自疑
欢快而不轻浮
沉稳而不古板
读书志在圣贤
为官心存君国

赤胆忠心为民
廉洁奉公行政
廉洁方能聚人
律己方能服人
身正才能带人
无私才能感人
德胜才是君子
才胜德为小人
君子当权积福
小人仗势欺人
恩宜自薄而厚
威须先严后宽
铜臭铸成镣铐
清廉闪亮人生
官倒源于索取
毁灭只因贪婪

都说上善若水
皆因以廉为心

向昨天要教训
向今天要成果

决心磨烂石头
困难见我发愁

不会评价自己
无权评价别人

骄傲走在前面
羞耻跟在后面

竹子即使被焚
竹节还是直的

只可远望千里
不可近看眼前

风吹不动泰山
雨打不垮青松

买马要看步伐
看人要看心眼

买马要看口齿
用人要摸底细

责任重于泰山
事业任重道远

弘扬中国精神
凝聚中国力量

刑过不避大臣
赏善不遗匹夫
战国·韩愈

一公则万事通
一私则万事闭
《袁子正论·论兵》

听完两面意见
然后再作判断
日本格言

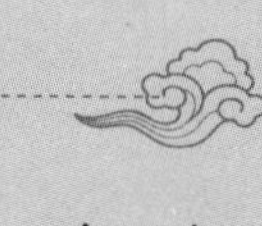

廉者常乐无求
贪者常忧不足
隋·王通

顺民意不失败
逆民意必无成
美·林肯

选人不拘一格
用人用其所长
江泽民

政以得贤为本
治以去秽为务
春秋·墨子

居上位而不骄
在下位而不忧
《易经·乾传》

良贾深藏若虚
君子盛德若愚
晋·葛洪

智谋出于急难
巧计出于临危
英·莎士比亚

廉者民之表也
贪者民之贼也
宋·包拯

明者因时而变
智者随事而制
汉·桓宽

权威并非真理
真理才有权威
美·莫特

走向真理的人
总是孤独而行
德·摩根史顿

常思贪欲之祸
常怀律己之心

常除非分之想
想群众之所虑
急群众之所难
谋群众之所求

公账混入私账
私账混入公账
纯粹是在混账

天才源于勤奋
伟大出于平凡

有志漂洋过海
无志寸步难行

有志不在年高
无志空活百岁

天才在于勤奋
知识在于积累
吴晗

通往荣誉的路
并不铺满鲜花
意大利·但丁

大志非才不就
大才非学不成
明·郑心材

天才只可体会
但绝不能模仿
法·狄德罗

常人长于重复
天才长于创造
美·惠普尔

忧患激发天才
幸运埋没天才
美·霍勒斯

顺境时要谨慎
逆境时要忍耐
英·约翰·雷

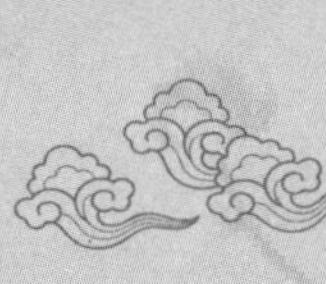
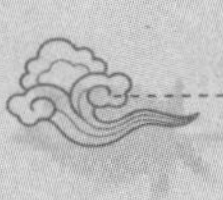

意志薄弱的人
一定不会诚实
法·拉罗什富科

真理属于人类
谬误属于时代
德·歌德

如果竭尽全力
没有人会失败
英·奥里森·斯韦特·马登

要么找一条路
要么开一条路
迦太基·汉尼拔

人才进行工作
天才进行创造
德·舒曼

逆境展示奇才
顺境隐没英才
美·霍勒斯

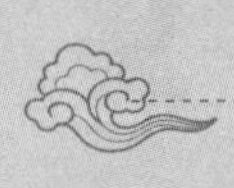

不怕百战失利
就怕灰心丧气

船大不怕浪高
志大不怕艰险

有志敢闯虎穴
无志尤人怨天

直躬不畏人忌
无恶不惧人毁

一马不鞴双鞍
一妇不嫁二郎

不蹈无人之门
不入有事之室

奴气讨人厌烦
忠诚令人喜欢

不怕红脸关公
就怕抵嘴菩萨

富者应多施舍
智者宜不炫耀
《菜根谭》

谗言如云蔽日
甘言如风侵肌
《菜根谭》

宁愿生命消失
只要声誉留存
匈牙利·裴多菲

人之所助在信
信之所本在诚
北宋·欧阳修

品格如同树木
名声如同树荫
美·林肯

贫莫贫于无志
贱莫贱于无才
韦野

诚者万善之本
伪者百祸之基
宋·刘炎

只要太阳照耀
希望也会闪耀
德·席勒

冬天已经来到
春天还会远吗
英·雪莱

轻诺者必寡信
易从者必多违
明·钱琦

谎言越是过头
就越有人相信
德·孚希特万格

宁可正而不足
不可邪而有余
周希陶

美德永远胜利
恶行永远受罚
俄·契诃夫

真理高于一切
事实胜于雄辩
希腊格言

真人不说假话
明人不做暗事

莫为财产争功
要为廉耻争气

善说不如善做
善始不如善终

君子报仇三年
小人报仇眼前

修道虽无人见
存心自有天知
史襄哉

幸福不是目的
品德才是准绳
美·比彻

静坐常思己过
闲谈莫论人非
《增广贤文》

公道自在人心
是非必有正论
郁达夫

决心就是力量
信心就是成功
俄·列夫·托尔斯泰

与其责骂罪恶
不如伸张正义
英·丁尼生

没有爱的光辉
人生便无价值
德·希勒

双鬓多年作雪
寸心至死如丹
宋·陆游

习惯形成性格
性格决定命运
美·约·凯恩斯

孤独使人振奋
孤立使人毁灭
英·约瑟夫鲁克斯

福气来了不享
福气走了别怨
西班牙·塞万提斯

贱而好德者尊
贫而有义者荣
汉·贾谊

生命是短暂的
荣誉是长久的
古罗马·西塞罗

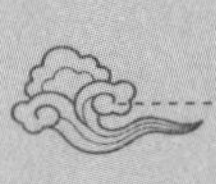

宁为兰摧玉折
不为瓦砾长存
刘知己

君子得时如水
小人得时如火
汉·刘向

穷则独善其身
达则兼济天下
战国·孟子

真理喜欢批评
因为经过批评
真理就会取胜
谬误害怕批评
因为经过批评
谬误就会失败
法·狄德罗

要想得到忠告
得向老人求教

名声使人骄傲
权势使人专横

牛皮不是吹的
火车不是推的

水软能穿石头
话软能治铁汉

谦虚产生智慧
骄傲使人愚蠢

珍珠藏在海底
腐肉浮在水上

骄傲走在前面
羞耻跟在后面

只爱温顺的人
本身是软弱的
艾青

自谦则人愈服

自夸则人必疑
陶觉

审慎行事的人
常得机遇之助

礼貌不用花钱
却能赢得一切
英·玛丽·蒙塔古

人民是亲爹娘
乡亲是好朋友
常香玉

谦逊基于力量
高傲基于无能
德·尼采

知不足者好问
耻下问者自满
北宋·林逋

虚心使人进步

骄傲使人落后
毛泽东

自负就像谋杀
总会露出马脚
英·汉纳·考利

轻薄浮华危险
贪图享乐危险
奥地利·茨威格

息却雷霆之怒
罢却虎狼之威
《增广贤文》

口说不如身逢
耳闻不如目见

莫贪意外之财
勿饮过量之酒

凡事当留余地
得意不可再往

不求完全一致
尽可求同存异

与其说得过分
不如说得不全

一件事人人管
就等于没人管

凡事顺其自然
遇事处之泰然

得意之时淡然
失意之时坦然
明·崔铣《六然训》

不审天下之势
难应天下之务

岂能尽如人意
但求无愧我心

只见锦上添花
未闻雪中送炭

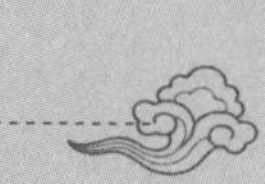

眼前放得宽大
死后恩泽悠长

无功受禄生祸
不义之财是灾

谗言败坏君子
冷箭射死忠臣
《六言圣贤经》

做事须循天理
出言要顺人心

受训不如顺情
恭敬不如从命
宋·释赞宁

能防前方利剑
难防后方来箭

常怀敬畏之心
常怀淡泊之心

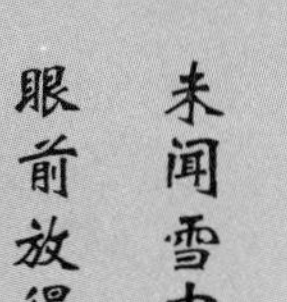

成长就会出丑
出丑才会成长

吃别人的嘴软
拿别人的手短

自奉必须俭约
宴客切勿流连

知退一步之法
加让三分之功

留正名给天地
遗清名于乾坤

超越天地之外
不入名利之中

立身要高一步
处世须退一步

想要了解自己
多去问问别人
不要患得患失
而要忧国忧民
受人滴水之恩
当以涌泉相报
《增广贤文·朱子家训》
不求尽如人意
但求问心无愧
仔细考虑一天
胜过蛮干十年
处常时胆要小
处变时胆要大
浑水越澄越清
是非越辩越明
思路决定出路

观念决定贫富
投亲不如访友
访友不如住店
吃饭先尝一尝
做事先想一想
在生活中思考
在思考中生活
喜怒不形于色
凡事当留余地
宴乐声色名位
三者不可过贪
宜从大处落墨
莫向针头削铁
只有修桥铺路
没有断桥绝路

好事一做到底
坏事一次莫为
虚心万事成功
自满十事九空
衣服长了绊腿
心眼多了受累
没有扯皮的事
只有扯皮的人
会怪的怪自己
不会怪怪别人
人有短切莫揭
人有私切莫说
宁给好汉拉马
不给赖汉作爷
心急等不得人
性急钓不得鱼

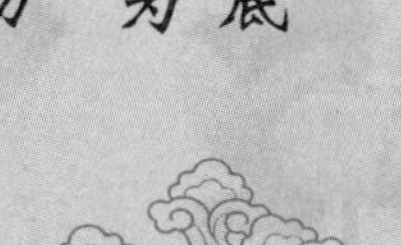

以理服人心服
以力服人身服
没有买好钢碗
先别打碎瓷碗
不怕怒目金刚
就怕眯眼菩萨
三个秀才讲书
三个屠夫讲猪
前留三步好走
后留三步好退
悲伤过度会笑
欢乐过度会哭
英·布莱克
愚者暗于成事
智者见于未萌
汉·刘向

先忧事者后乐
先做事者后忧
汉·刘向

见事贵乎明理
处事贵乎心公
清·金缨

宜未雨而绸缪
毋临渴而掘井
清·朱伯庐

先谋后事者昌
先事后谋者亡
周·姜子牙

智者顺时而谋
愚者逆理而动
后汉·朱叔元

喜不可纵有罪
怒不可戮无辜
三国·诸葛亮

诡计需要伪装
真理喜欢阳光
英国谚语

从怀疑到否定
仅一小步之差
法·缪塞

疑惑固非乐事
确信更属荒唐
法·伏尔泰

大行不顾细谨
大礼不辞小让
西汉·司马迁

如愿便是满足
满足便是幸福
梁秋实

常求有利别人
不求有利自己
李大钊

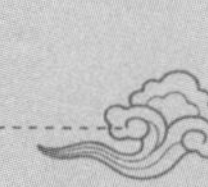

案上不可多书
心中不可少书
清·金缨

终生为善不足
一日为恶有余
明·何坦

大着肚皮容物
立定脚跟做人
清·金缨

幸福不过是梦
辛苦才是现实
法·伏尔泰

眼睛相信自己
耳朵相信别人
德国谚语

要想确信无疑
首先必须怀疑
美·莱斯辛斯基

如果良机不来
就亲手创造吧
英·塞缪尔·斯迈尔斯

馈送合乎时宜
薄礼当得厚仪
佚名

自知者不怨人
知命者不怨天
荀子

尊重别人的人
不应该谈自己
苏联·高尔基

怀最好的希望
作最坏的打算
英国谚语

打雀岂用大炮
杀鸡焉用牛刀
英国谚语

快速是需要的
匆忙是有害的
法国谚语

巧干能捕雄狮
蛮干难抓蟋蟀
俄国谚语

不能以火灭火
不能以怒对怒
日本谚语

谁想要摘玫瑰
谁就不要怕刺
奥地利谚语

幸福生于知忧
祸患起于逸乐
美·富兰克林

话多不如话少
话少不如话好
明·吕近溪

不自重者取辱
不自畏者招祸
北宋·林逋

不要魂不守舍
不要匆忙行事
美·爱默生

最难得的勇气
是思想的勇气
法·法朗士

精而益求其精
备而益求其备
清·王夫子

一切都会过去
只有真理长存
俄·陀思妥耶夫斯基

卑贱者最聪明
高贵者最愚蠢
毛泽东

当悲伤沉睡时
别去把它唤醒
英·富勒

听言不如观事
观事不如观行
晋·傅玄

骄奢生于富贵
祸乱生于所忽
唐·李世民

年轻饱经忧患
老来不畏风霜

饿出来的见识
穷出来的聪明

猛虎不处卑势
劲鹰不立垂枝

智慧产生力量
力量产生勇气

风浪里试舵手
困难中识英雄

真理是人的胆
人无理舌头软

胆怯离你越远
胜利离你越近

百闻不如一见
百见不如一干

大象走到河里
鳄鱼不敢张嘴

山鹰不怕强豹
猎人不怕老虎

走了运要谨慎
遭挫折要坚韧

别为过去叹息

未来必将来临
英·华兹华斯

万事必有盛衰
万事必有张弛
战国·韩非

喜悦是短暂的
痛苦是永恒的
德·席勒

勇者好问必胜
智者好谋必成
春秋·孙武

勿屈己而殉人
勿沽名而钓誉
清·詹天佑

勇气通往天堂
懦弱通往地狱
古罗马·塞涅卡

强国必先强种
强种必先强身
张伯苓

失败是有限的
冒险是无限的
英·狄更斯

宁要大智大勇
不要胆小如鼠
美·格尔索尔

与其诅咒黑暗
不如燃起蜡烛
美·斯特朗

舟覆乃见善游
马奔乃见良御
汉·刘安

聪明者戒太察
刚强者戒太暴

温良者戒无断
清·金缨

人无横财不富
马无夜草不肥

口头慷慨的人
行动一定吝啬
法国谚语

奢侈富而不足
节约贫而有余
《六言圣贤经》

不怕杀牲害命
就怕吃肉不净

论起荣华富贵
原是过眼烟云

宁可一生贫贱
不可为富不仁

说一千道一万
两横一竖靠干

艰辛曲折必然
历尽沧桑悟然

求人不如求己
求佛不如求学

务要见景生情
切莫守株待兔

土地贵在耕种
知识贵在运用

时间就是生命
效率就是金钱

不懂风俗人情
干事创业难成

居家不得不俭
创业不得不勤

不嫌刻鹄类鹜

只怕画虎成狗

勉励现前之业
图谋未来之功

动中静是真静
苦中乐是真乐

当念积累之难
常思倾覆之易

只能怪人不勤
不能怪地不长

迟干不如早干
蛮干不如巧干

好汉死在战场
懒汉死在炕上

只有害病害死
没有干活干死

汗水留在地头

幸福来到家里

贪婪鬼没个饱
吝啬鬼不知富

穷别垂头丧气
富别骄奢淫逸

故物丰者民衍
宅近市者家富
汉·桓宽

学艺之道无他
锻炼意志第一
徐悲鸿

不戚戚于贫贱
不汲汲于富贵
东晋·陶渊明

宁可清贫自乐
不作浊富多忧
释道元

精神不运则愚
血脉不运则病
南宋·陆九渊

俭则可以立身
俭则可以成家
清·陈梦雷

勤俭富贵之本
懒惰贫贱之苗
民国·史襄哉

勤劳替你还债
绝望增你负担
美·富兰克林

病人只死一次
懒人天天去死
俄罗斯谚语

孩子不倦于玩
懒人不倦于睡
俄罗斯格言

懒惰使人多病
劳动使人健康
俄罗斯格言

劳其形者长寿
安其乐者短命
北宋·欧阳修

不管风吹浪打
胜似闲庭信步
毛泽东

忧劳可以兴国
逸豫可以亡身
北宋·欧阳修

意志薄弱的人
一定不会诚实
法·拉罗什富科

精神贯注其中
事情一定成功
日本格言

安危不二其志
险易不革其心
唐·魏徵

思路决定出路
干劲决定后劲
汪洋

沉思就是劳动
思考就是行动
法·雨果

金钱好比肥料
如不散入田中
本身并无用处
英·培根

雁美在高空中
花美在绿丛中
话美在道理中
人美在劳动中

天时不如地利
地利不如人和
《孟子》

弃燕雀之小志
慕鸿鹄以高翔

有志敢闯龙潭
无志怨天尤人

失败中有教训
成功中有经验

走尽崎岖之路
自是平坦之途

不在哪儿摔跤
不知哪儿路滑

逆境可以进德
顺境易以丧德

运去黄金失色
时来铁也争光
《名贤集》

摆渡摆到江边
造塔造到塔尖

一个实际行动
胜过一打纲领

不敢翻越高山
哪能到达平原

牛角越长越弯
财主越大越贪

没有追求的人
必然是怠惰的
美·维纳德

所争者为人权
所战者为公理
孙中山

有志不在年高
无志空活百岁
清·石玉昆

生命是一张弓
那弓弦是梦想
法·罗曼·罗兰

胜利是赢来的
不是施舍来的
德·鲍尔

嫉妒生于利欲
而不生于贤美
明·黄道周

暂时的是现实
永生的是理想
法·罗曼·罗兰

弱者坐待时机
强者制造时机
波兰·居里夫人

成功不是偶然
失败不是命运
法·罗曼·罗兰

凡人不可貌相
海水不可斗量

为善流芳百世
作恶遗臭万年
清·程允升《幼学琼林》

摆渡摆到岸边
送佛送到西天

话怕三头对面
事怕挖根掘蔓

冷汤冷饭能吃
冷言冷语难受

遇横切莫逞能
止谤还要自修

闻名不如见面
见面胜似闻名

远水难救近火
远亲不如近邻
《增广贤文》

英雄出于四野
好汉常在八方

砂锅不打不漏
朋友不交不厚

幸福带来朋友
不幸检验朋友

财富不是朋友
朋友却是财富

世事短如春梦
人情薄似秋云

骄傲来自浅薄
狂妄出于无知

骗朋友是一次
害自己是终生

远亲不如近邻
近邻不如对门

朽木不可为柱
坏人不可为伍

毒箭只伤一人
毒语能伤众人

手段卑鄙的人
目的不会高尚

君子赠人以言
庶人赠人以物
战国·荀况

不傲才以骄人
不以宠而作威
三国·诸葛亮

生活的美化者
社会的巩固者
苏格兰·罗伯特布拉亥

福莫大于无祸
利莫益于不丧
汉·刘安

大事化为小事
小事化为没事
红楼梦

内睦者家道昌
外睦者人事济
北宋·林逋

以谦接物者强

以善自卫者良
北宋·林逋

读书可以广智
宽恕可以交友
中国·罗兰

黄金炼于烘炉
友谊见于患难
美·爱默生

友谊是宽容的
因宽容而长久
中国·罗兰

羽毛相同的鸟
自会聚在一起
古希腊·亚里士多德

没有朋友的人
只能是半个人
德·卡西尔

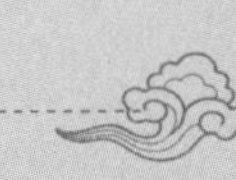

真金不怕火炼
患难考验友谊
美·爱默生

友谊不可透支
总要保留几分
梁实秋

腾达不可忘友
得意切莫忘形
马长山

患难的好朋友
懂得互助互爱
法·雨果

临时结交的人
不能算是朋友
法国谚语

不睦搞坏山村

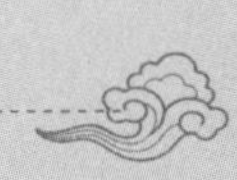

欺骗伤害友情
俄罗斯格言

朋友越老越好
美酒越老越香
英·约翰·雷

有意摧残情感
是绝顶的蠢事
法·狄德罗

观景越远越美
看人越近越真
柳荫

仇恨终将泯灭
友谊万古长青
古罗马·西塞罗

朋友一旦掌权
友谊即会中断
美·亨利·亚当斯

壮山羊做园丁
必然毁坏花园
西方格言

君子敬而无失
与人恭而有礼
春秋·孔子

君子和而不同
小人同而不和
春秋·孔子

闻人毁己而怒
则誉己者至矣
清·陈宏谋

君子扬人之善
小人讦人之恶
唐·吴兢

礼仪生于富足

盗贼出于贫穷

《增广贤文》

酒醉总有一醒
财迷永无止境

只许州官放火
不许百姓点灯

宋·陆游

你对人不放心
人对你不实心

为善流芳百世
为恶遗臭万年

有爱者肝胆壮
无私者天地宽

祸在于贪小利
害在于亲小人

《劝世贤文》

宁可得罪君子
切莫得罪小人

口上仁义道德
心里男盗女娼

闲话的公式是
二加二等于五

休与小人为仇
小人自有对头

《增广贤文》

只知口中有箭
不知袖里藏刀

善人和气一团
恶人杀气腾腾

功过不容少混
恩仇不可过明

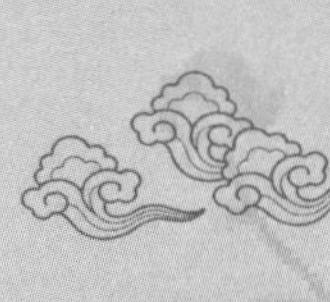

心善而子孙盛
根固而枝叶茂

黑暗不爱光明
恶棍不爱好人

诅咒使人振奋
赞誉使人松懈

英·威廉·布莱克

心生种种魔生
心灭种种魔灭

明·吴承恩

唯有改过为能
不以无过为贵

宋·司马光

盛怒不顾一切
妒忌相信一切

法国格言

豺狼要是肚饿
总是羊有罪过

俄罗斯格言

错误在所难免
宽恕就是神圣

英·波普

一个发怒的人
总是疏于自卫

英·莎士比亚

学者如禾如稻
不学如蒿如草

不作书的奴隶
把书作为工具

粮食滋补身体
书籍丰富智慧

三天不念口生
三年不做手生

光阴黄金难买
一世白驹过隙
《增文贤文》

好问不须脸红
无知才应羞惭

刀不磨会生锈
人不学会落后

读书力求三性
韧性记性悟性
魏明伦

贫者因书而富
富者因书而贵
北宋·王安石

学而不思则罔
思而不学则殆
春秋·孔子

一时劝人以言
百世劝人以书
清·金缨

聪明在于学习
天才由于积累
华罗庚

读书不忘救国
救国不忘读书
郁达夫

发展科学技术
不抓教育不行
邓小平

智慧是生成的
知识是学来的
陶行知

养心莫善寡欲
至乐无如读书
明·郑成功

读而未晓则思
思而未晓则读
南宋·朱熹

学者贵于行之
而不贵于知之
西汉·司马光

日出唤醒大地
读书唤醒头脑
缅甸谚语

大志非才不就
大才非学不成
明·郑心材

非学无以广才
非志无以成学
三国·诸葛亮

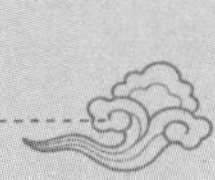

书痴者文必工
艺痴者技必良
汉·桓宽

操千曲而知音
观千剑而识器
南北朝·刘勰

广积不如教子
避祸不如省非
宋·林逋

鱼离水则身枯
心离书则神索

刀枪越使越亮
知识越积越多

活到老学到老

八十岁仍嫌少
抛弃时间的人
时间也抛弃他
英·莎士比亚

有疑问的时候
最好是说实话
美·马克·吐温

青春是有限的
智慧是无穷的
苏联·高尔基

人生天地之间
若白驹之过隙
战国·庄周

不饱食以终日
不弃功于寸阴
东晋·葛洪

时间就是生命
时间就是速度
时间就是力量
郭沫若

形式在于内容
韵律在于力量
意义在于人格
印度·泰戈尔

珍惜一切时间
用于有益之事
不搞无谓之举
美·富兰克林

读书使人充实
思考使人深邃
交谈使人清醒
美·富兰克林

读书使人渊博
辩论使人机敏
写作使人精细
英·培根

忧愁非书不释
愤怒非书不解
精神非书不振
南北朝·颜之推

学者三搬要紧
一要降伏私欲
二要调顺气质
三要逃脱习俗

心情快乐的人
天天都是节日

虫凭蠕动寻食
人凭劳动养生

水停百日有毒
人闲百日生病

身体越练越壮
脑子越用越灵

沉寂意外死亡
生命在于运动
法·帕斯卡

酒能烧身销焰
气是无烟火药
明·冯梦龙

乐易者常寿长
忧险者常夭折
战国·荀子

健康使人快乐
快乐使人健康
美·爱默生

欢乐就是健康
忧郁就是病魔
英·赫兹里特

人体欲得劳动
但不当使极尔
东汉·华佗

没有乡下泥腿
饿死城里油嘴

天无常圆之月
人无不散之席

事实胜于雄辩
谎言不敌真理

真金不怕火炼
真理不怕诡辩

太阳照亮大地
真理鼓舞人心

一切都会过去
只有真理留着
俄·列夫·托尔斯泰

生命僵死之处
必有法则堆积
德·尼采

只有顺从自然
才能驾驭自然
英·培根

勇敢来自恐惧
聪明来自愚蠢
英·塞缪尔·约翰逊

败者声望越高
胜者越增荣耀
西班牙·塞万提斯

朋友或来或走
敌人只来不走

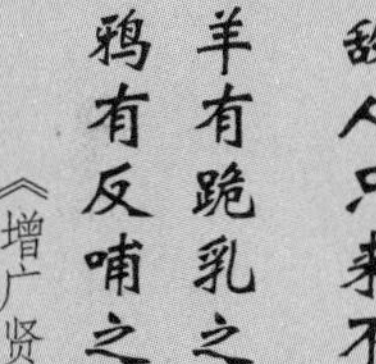

羊有跪乳之恩
鸦有反哺之义
《增广贤文》

走遍天下娘好
吃遍天下盐好

人有悲欢离合
月有阴晴圆缺
宋·苏轼

夫妻同甘共苦
棒打鸳鸯不散

伴侣两相无猜
日子舒畅自在

三个婆娘说夫
三个老板说苦

婚前显露身材
婚后显露智慧

只要真正相爱
不怕房漏屋歪

对父母要敬仰
对子女要教养

对父母要尊敬
对子女要慈爱
英·罗素

事业高于爱情
爱情服从事业
吴灿华

婚前睁大眼睛
婚后半闭半睁
美国谚语

宠子未有不骄

骄子未有不败

清·吴楚材吴调侯

万爱千恩百苦
疼我孰知父母

《小儿语》

为爱情而赌气
就表心病狂了

西班牙·塞万提斯

相爱而不相敬
是不能持久的

法·卢梭

在情人的眼里
对方就是一切

美·马克·吐温

为钱财而结婚
等于出卖自身

英国谚语

莫夸妻的脸蛋
应夸妻的能干

俄罗斯谚语

欢笑使人年轻
爱情使人变美

芬兰谚语

爱情是美丽的
婚姻是神圣的

美·伊丽莎白

爱能毁灭一切
爱能造就一切

古龙

爱情创造平等
但不追求平等

法·皮埃尔·高乃依

父不能知其子

则无以睦一家

唐·吴兢

国强民不受辱
民强国不受辱

明法制去私恩
令必行禁必止

战国·韩非

言多变则不信
令烦改则难从

北宋·欧阳修

国尚礼则国昌
家尚礼则家大

清·颜元

既要金山银山
又要绿水青山

胡宪

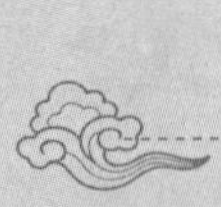

生为祖国而生
死为祖国而死

印度·普列姆昌德

防御时要警惕
进攻时要神速

俄罗斯格言

一人之见有限
众人之智无穷

明·何汝宪

运筹帷幄之中
决胜千里之外

《孟子·公孙丑上》

国家必有文武
官治必有赏罚

战国·韩非

民存则社稷存

人亡则社稷亡

唐·魏徵

赏务速而后劝
罚务速而后惩

唐·柳宗元

保守贪图舒适
改革追求真理

美·爱默生

执法而不求情
尽心而不求名

宋·苏洵

法律在你之上
你切不可逾越

英·富勒

法令行则国治
法令驰则国乱

汉·王符

家怕先富后贫
政怕先宽后紧

清·申居郧

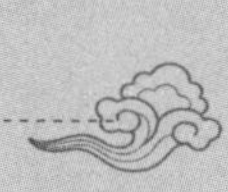

古人不见今时月
今月曾经照古人
李白

山中也有千年树
世上难逢百岁人
《闲云野鹤》

长江后浪推前浪
世上新人赶旧人

月过十五光明少
人过中年万事休
《增广贤文》

儿孙自有儿孙福
莫为儿孙做马牛

命里有时终须有
命里无时莫强求
《增广贤文》

人生知足何时足

人老偷闲且自闲

万事不由人计较
一身都是命安排

穷人有许多孩子
富人有许多亲戚

野花不种年年有
烦恼无根日日生

上轿女儿哭是笑
落第秀才笑是哭

对生活知足常乐
对技艺精益求精

人间富贵花间露
世上功名水上珠

对生活无怨无悔
对名利无喜无悲

人生几度悲欢事
几度春风几度霜

商场之争皆为利
官场之争皆为权

少而寡欲颜常好
老不求官梦亦闲

人可以老当益壮
也可以未老先衰

书生报国无长物
唯有手中笔似刀
《抗日三日刊》

正气是人的形象
骨气是人的脊梁

青春去时不告别
老年来时不招手

朝气是人的希望

勇气是人的力量

忠实的朋友有三
老妻老狗和现款
美·富兰克林

宁为宇宙闲吟客
怕做乾坤窃禄人
唐·杜荀鹤

国计已推肝胆许
家财不为子孙谋
唐·罗隐

韬略终须建新国
奋飞还待续良书
郭沫若

路漫漫其修远兮
吾将上下而求索
战国·屈原

人生富贵岂有极

男儿要在能死国
明·李梦阳

老夫喜作黄昏颂
满目青山夕照明
叶剑英

谁不能主宰自己
永远是一个奴隶
德·歌德

君子志于泽天下
小人志于荣其身
宋·刘炎

以身殉国不苟生
道在光明照千古
南宋·文天祥

相逢白头莫惆怅
世上无人常少年
唐·周贺

人生直作百岁翁
亦是万古一瞬中
唐·杜牧

富贵催人生白发
布衣蔬食易长年
英·莎士比亚

世上万物不得齐
或清如水浊如泥
明·于谦

太行之路能催车
若比人心是坦途
唐·白居易

糊涂人难得聪明
聪明人难得糊涂
清·钱咏

成名多在穷苦日
败事多于得志时
明·陈继儒

青春之所以幸福
就因为它有前途
俄罗斯·果戈理

要迎着晨光实干
别面对晚霞幻想
美·卡莱尔

愿望是半个生命
淡漠是半个死亡
黎巴嫩·纪伯伦

不接受后悔的人
也不会承受人生
瑞士·阿米尔

青春一去不复返
事业一纵永无成
英·勃朗宁

平民靠劳动糊口
贵人以地位为命
德·席勒

年年岁岁花相似
岁岁年年人不同
唐·刘希夷

无论肉体在何处
精神总是自由的
英·戴维斯

有了伟大的热情
才有伟大的行动
王若飞

没有卑贱的工作
只有卑贱的态度
美·威廉·贝内特

要想有好的明天
就得从今天做起
苏联谚语

须知极乐神仙境
修炼多从苦处来
清·袁牧

决心要成功的人
已经成功了一半
日本谚语

三十功名尘与土
八千里路云和月
宋·岳飞

少日犹堪话离别
老来怕作送行诗
宋·辛弃疾

良心是灵魂之声
感情是肉体之音
法·卢梭

没有理想的人生
就像没有舵的船
日本·池田大作

人间岁月如流水
客舍秋风今又起
唐·岑参

黑夜是我的朋友
绝望是我的参谋
古罗马·维吉尔

光明给我们经验
读书给我们知识
苏联·奥斯特洛夫斯基

向死人请教过去
向活人请教现在
美·朗费罗

旅行虽颇费钱财
却使你懂得社会
波斯·萨迪

填不满的是欲海
攻不破的是愁城
法·乔治·桑

如烟往事俱忘却
心底无私天地宽
陶铸

血气之怒不可有
理仪之怒不可无
明·黄宗羲

要始终全力以赴
你现在播种什么
将来就收获什么
美·奥格·曼迪诺

饭可以一日不吃
觉可以一日不睡
书不可一日不读
毛泽东

无论做什么事情
只要肯努力奋斗
是没有不成功的
英·牛顿

仁者莫大于爱人
智者莫大于知贤
政者莫大于能官
陶行知

明察他人的过失
忘记自己的错误
傻瓜独具的品德
古罗马·西塞罗

五人团结一只虎
十人团结一条龙
百人团结像泰山
邓中夏

凡是没有知识的
尽管是王公贵人
都称为凡夫俗子
西班牙·塞万提斯

家是讲情的地方
不是讲理的地方
夫妻相处靠妥协
余光中

人生包括两部分
过去的是一个梦

未来是一个希望

美·霍桑

处处是创造之地
天天是创造之时
人人是创造之人

唐·赵蕤

人生有两出悲剧
一出是万念俱灰
一出是踌躇满志

爱尔兰·萧伯纳

人生如同一出戏
重要的不是长度
而是出色的表演

古罗马·塞内加

立品修身志要坚
学无老少达为先
读书莫只图科第
还教儿孙学圣贤

行藏虚实自家知
祸福因由更问谁
善念皆由心里造
恶念亦从胆边来

唐·元真禅师《垂训诗》

任他性情执拗顽
要把良言说一番
说得好时他自醒
冰消雾释有何难

《朱子·家训》

莫藏恶意莫记仇
冤冤相报几时休
劝君且自关门坐
树叶尤能打破头

《朱子·家训》

父子和而家不败
兄弟和而家不分
乡党和而争讼息

夫妻和而家道兴

《增广贤文》

人情似纸张张薄
世事如棋局局新
世人结交须黄金
黄金不多交不深

《增广贤文》

春蚕到死丝方尽
恶语伤人恨难消
入山不怕虎伤人
只怕人情两面刀
受恩深处宜先退
得意浓时便可休
莫待是非来入耳
从前恩爱反为仇

《增广贤文》

或读诗书或耕田

都该早起与迟眠
工商亦是寻生计
急急勤劳莫息肩

怒画竹·喜画兰
不喜不怒画牡丹
人逢喜事精神爽
月到中秋分外明

明·冯梦龙《醒世恒言》

不愧对今天的人
明天会对你微笑
失去了今天的人
明天会给你烦恼

鲁迅

酒色财气四堵墙
人人都在里边藏
若能跳出墙外去
不是神仙也寿长

观操守在利害时

观精力在饥饿时
观度量在喜怒时
观镇定在震惊时

贵人之前莫言贱
彼将谓我求其荐
富人之前莫言贫
彼将谓我求其怜

《格言联璧》

传家二字耕与读
防家二字盗与奸
倾家二字淫与赌
守家二字勤与俭

《古今贤文》

好意固为人所钦
贪利乃为鬼所笑
贤者不炫己之长
君子不夺人所好

《增广贤文》

一天不练手脚慢
两天不练丢一半
三天不练门外汉
四天不练瞪眼看

人类所以能进步
国家所以能富强
社会所以能安定
根本都在于政治

郁达夫

一家养女百家求
一马不行百马忧
深山毕竟藏猛虎
大海终须纳细流

千里捎书只为墙
再让三尺又何妨
万里长城今犹在
不见当年秦始皇

张廷玉《六尺巷》

一身动则一身强
一家动则一家强
一国动则一国强
天下动则天下强
清·颜元《习斋言行录语》

少年易老学难成
一寸光阴不可轻
未觉池塘春草梦
阶前梧叶已秋声
南宋·朱熹

劳动美化了世界
劳动也美化了人
美化了人的灵魂
美化了人的体态
马铁丁

咬定青山不放松
立根原在破岩中
千磨万击还坚劲
任尔东南西北风
清·郑板桥

具有伟大的梦想
出以坚决的信心
施以努力的奋斗
才有惊人的成就
美·马尔顿

劳苦莫教爹娘受
忧愁莫教爹娘担
时时体贴爹娘意
莫教爹娘心挂牵
《劝报亲恩篇》

读书切戒在慌忙
涵泳工夫兴味长
未晚不妨权放过
切身须要急思量
南宋·陆九渊

博弈之交不终日
饮食之交不终月
势利之交不终年
道义之交可终身
清·金缨

三更灯火五更鸡
正是男儿读书时
黑发不知勤学早
白头方悔读书迟
唐·颜真卿

人生七十古来少
前除幼年后除老
中间光景不多时
又有炎霜与烦恼
明·唐寅

不辞艰险出夔门
救国图强一片心
莫谓东方皆落后

亚洲崛起有黄人
吴玉章

当你追求幸福时
幸福往往逃避你
当你逃避幸福时
幸福常常跟随你
英·海伍德

没有感情的理智
是无光彩的金块
而无理智的感情
是无鞍镫的野马
郁达夫

金子使兄弟反目
金子使家庭不和
金子使友谊破裂
金子使国家内讧
美·考利

逢人且说三分话
未可全抛一片心
《增广贤文》

茫茫四海人无数
哪个男儿不丈夫
谁人背后无人说
哪个人前不说人
知音说与知音听
不是知音莫掏心
大道劝人三件事
戒酒除花莫赌钱
但能以理求生计
何必欺心作恶人
一人说话全有理
两人说话见高低
逢着癞子不说疮
遇着瞎子不谈光

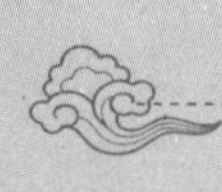

能受苦方为志士
肯吃亏不是痴人
清·弘一大师

察己则可以知人
察今则可以知古
勿以私怨斥俊才
勿以私恩取小人
水暖水寒鱼自知
花开花谢春不管
《红九》

万恶都由私字起
千好都从公心来
为人莫做墙头草
要做高山一青松
一双冷眼看世界
满腔热血酬知己
清·袁枚《随园诗话》

无事不登三宝殿
有钱难买一身安

泥人经不起雨大
假话经不起调查

宁可少吃不负债
绝不好吃债缠身

能成名者天下少
不如意事古来多
明·金圣叹

万事劝人休瞒昧
举头三尺有神明
《增广贤文》

根深不怕风摇动
树正不怕月影斜
《增文昔时贤文》

劝君莫做亏心事
古往今来放过谁
《名贤集》

为人不做亏心事
不怕半夜鬼敲门

先天下之忧而忧
后天下之乐而乐
宋·范仲淹

只有忠实于事实
才能忠实于真理
周恩来

对穷亲戚要慷慨
对一切人要礼貌
英·罗素

小事情上傻一点
该健忘的就健忘
王蒙

事不三思终有悔
人能百忍自无忧
明·冯梦龙

天下无万能之人
人贵有自知之明
邹韬奋

一忍可以支百勇
一静可以制百动
北宋·苏洵

如烟往事俱忘却
心底无私天地宽
陶铸

与有肝胆人共事
从无字句处读书
周恩来

心大则百物皆通
心小则百物皆病
宋·朱熹·吕祖谦

狗不以善吠为良
人不以善言为贤
战国·庄周

目不能两视而明
耳不能两听而聪
战国·荀子

橘生淮南则为橘
生于淮北则为枳
春秋·晏婴

当你背叛别人时
你也背叛了自己
印度·辛格

只要你能够自信
别人也就会信你
德·歌德

忘了自己的缺点
就产生骄傲自满
古希腊·德谟克利特

忠心为国名声在
仪表堪称后世师
朱德

勿以身贵而贱人
勿以独见而违众
三国·诸葛亮

非淡泊无以明志
非宁静无以致远
三国·诸葛亮

胸藏文墨虚若谷
腹有诗书气自华
北宋·苏轼

未出土时先有节
已到凌云仍虚心
清·郑板桥

人可以一生不仕
但不可一日无德
金泽廷

生如夏花之绚丽
死如秋叶之静美
印度·泰戈尔

采玉者破石拔玉
选士者弃恶取善
汉·王充

忠言逆耳利于行
良药苦口利于病
《孔子·家语·六本》

有实事求是之意
无哗众取宠之心
毛泽东

多受痛苦的折磨
见闻会渐渐增多
古希腊·荷马

人以三事见性格
赏钱酒量和脾气
英国·王尔德

修其善则为善人
修其恶则为恶人
汉·扬雄

名不正则言不顺
言不顺则事不成
春秋·孔子

伤贤者殃及三代
蔽贤者身当其害
汉·黄石公

得放手时须放手
得饶人处且饶人
元·关汉卿

人什么都可以听
但不能什么都信
古罗马·菲德洛斯

没有爱情的人生
不是真正的人生
法·莫里哀

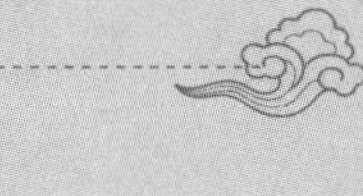

创伤纵然平复了
疤痕将永远留存
英·莎士比亚

识时务者为俊杰
变时务者为豪杰
马长山

赚钱的时间愈多
花钱的时间愈少
清·刘墉

物质上不受牵制
精神上才能独立
李大钊

莫怨清廉淡滋味
应愁贪婪铁窗泪

镜明则尘埃不染
智明则邪恶不生

警钟长鸣筑防线

防微杜渐保晚节

仕宦方规清慎勤
善听民言政更廉

身闲性懒莫从政
品劣心贪休做官

甘守清廉报国家
不为贪赃羞儿孙

权大不忘责任重
位高不移公仆心

常闻贪欲丢性命
但能守廉得民心

为官要立公仆志
从政最贵爱民心

廉如清风常拂面
贪似毒药蚀灵魂

多植荷花塘自清
勤反腐败政自明
秉公执法威自显
饮食要诀缓暖软
权大不如贡献大
位高不如威信高
清廉为官方敢怒
公正办事才敢言
当官不为民做主
不如回家卖红薯
《七品芝麻官》
维护公平得人心
伸张正义顺民意
心底无私天地宽
一生一世不翻船
洁身自爱莫贪财

心无污垢颜常开
没有不好的集体
常有不好的领导
上梁不正下梁歪
中梁不正塌下来
晋·杨泉
贪于近者则遗远
溺于利者则伤名
《晋书·宣帝纪》
三生不改冰霜操
万死常留社稷身
明·于谦
给人民做牛马的
人民永远记住他
臧克家
党与人民在监督

万目睽睽难逃脱
陈毅
安不忘危臣所愿
常思危困必无危
康·周昙
自己找幸福容易
给别人谋幸福难
俄·列夫·托尔斯泰
但得官清吏不横
即是村中歌舞时
宋·陆游
诗堪入画方为妙
官到能贫乃自清
戴远山
丹心不改君臣谊
清泪难忘父母邦
宋·文天祥
清风两袖朝天去

免得闾阎话短长

明·于谦

十年寒窗无人问
一举成名天下知

元·高明

心无物欲乾坤静
坐有琴书便是仙

能经天磨真好汉
不受人妒是庸才

怀才不遇世上有
世界终归纳英才

虎落平阳被犬欺
凤凰落架不如鸡

乌云遮不住太阳
冰雪锁不住春光

日月两轮天地眼

诗书万卷圣贤心

深山毕竟藏猛虎
大海终须纳细流

《增广贤文》

金盆碎了斤两在
大船破了钉也多

伟大思想古今有
载入书本成不朽

《默觚·学篇》

善琴奕者不视谱
善相马者不按图

清·魏源

人必须相信自己
这是成功的秘诀

得贤杰而天下治
失贤杰而天下乱

北宋·范仲淹

我劝天公重抖擞
不拘一格降人才

清·龚自珍

莫畏世才难见用
须知天意不徒生

宋·王令

古人相马不相皮
瘦马虽瘦骨法奇

宋·欧阳修

山下千林花太俗
山上一枝看不足

宋·辛弃疾

每个天才的产生
必是热忱的产物

美·本杰明·狄斯拉里

在瞎子的国度里
独眼龙就是国王

清·莫泊桑

科学的根本精神
全在养成观察力
梁启超

智慧勤劳和天才
高于显贵和富有
德·贝多芬

江山代有人才出
各领风骚数百年
清·赵翼

顺境造就幸运儿
而逆境造就伟人
意·小普林尼

君子不可以不学
见人不可以不饰
春秋·孔子

不畏浮云遮望眼
只缘身在最高层
宋·王安石

李杜何曾借出身
文章有翼亦称神
清·孔尚任

鸟翼上系上黄金
鸟就飞不起来了
印度·泰戈尔

科学若要有价值
就必须预言未来
英·卡莱尔

行为给人以光泽
知识给人以分量
英·贝弗里奇

绝望是那样骗人
正如同希望一样

明人不算命相面
君子不求签问卦

积德百年元气厚

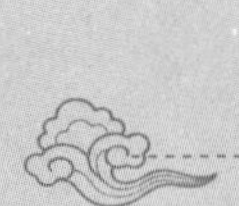

读书三代雅人多
《增广贤文》

心思如青天白日
才华如玉韫珠含

处世要方圆自在
待人要宽严得宜
《菜根谭》

问渠那得清如许
为有源头活水来

修己以清心为要
涉世以慎言为先

有事但逢君子说
是非休听小人言

谗言败坏真君子
美色消磨狂少年
《增广贤文》

勿因群疑阻独见
勿凭己意废人言
《增广贤文》

大风吹倒梧桐树
自有旁人说长短
患得患失前路窄
心底无私天地宽
万事劝人休计较
从来好事不如无
观棋不语真君子
把酒多言是小人
修身养性淡名利
苦中求乐度春秋
超凡脱俗无与求
平心静气万事休
礼貌周全不花钱
却比什么都值钱
天平精确称轻重
语言可以量人品
人用言语称高低
水拿竹竿探深浅
山高遮不住太阳
谎言骗不过众人
有自知之明的人
会用心镜照自己
行得端才立得正
立得正才万事顺
真实的话不漂亮
漂亮的话不真实
鸟随鸾凤飞腾远
人伴贤良品行高
《醒世恒言》

事不三思终有悔
人能百忍自无忧
明·冯梦龙

在寂寞中我失落
在孤独中我充实
哥伦比亚·加西亚·马尔克斯

满天风雨满天愁
革命何须怕断头
杨超

我自横刀向天笑
去留肝胆两昆仑
谭嗣同

立志在坚不在锐
成功在久不在速
宋·张孝祥

志不真则心不热
心不热则功不贤
清·颜元

自静其心延寿命
无求与物长精神
唐·白居易

顶天立地奇男子
要把乾坤扭转来
孙中山

试看将来的环宇
必是赤旗的世界
李大钊

人必须相信自己
这是成功的秘诀
英·卓别林

志不强者智不达
言不信者行不果
战国·墨子

人体美是暂时的
艺术美是不朽的
意大利·达芬奇

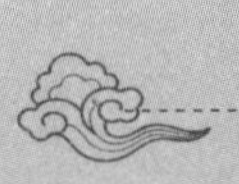

如果要别人诚信
首先自己要诚信
英·莎士比亚

对于不好的诺言
违背比遵守更佳
美·林肯

人必须要有耐心
特别是要有信心
我们应该有恒心
尤其要有自信心
波兰·居里夫人

千淘万漉虽辛苦
吹尽寒沙始到金
唐·刘禹锡

赢得名声是炼狱
渴求名声是地狱
英·利顿

办事能尽心竭力
信用能始终不渝
美·德莱塞

勿以恶小而为之
勿以善小而不为
三国·刘备

如果道德败坏了
趣味必然会堕落
法·狄德罗

我要求别人诚实
我自己就得诚实
俄·陀思妥耶夫斯基

冰霜雪压心犹壮
战胜寒冬骨更坚
何香凝

举世皆浊我独清
众人皆醉我独醒
战国·屈原

最高的善是快乐
最大的恶是痛苦
古希腊·伊壁鸠鲁

愚人之心在口上
智者之口在心上
美·本杰明·富兰克林

真理不需要光彩
美丽不需要画笔
英·莎士比亚

幸福越与人共享
它的价值越增加
日本·森村诚一

人类最不道德处
是不诚实与怯懦
苏联·高尔基

冰雪林中著此身

不同桃李混芳尘
元·王冕

不是一番寒彻骨
怎得梅花扑鼻香
明·冯梦龙

处有事当如无事
出大事当如小事
清·魏裔介

山藏异宝山含秀
沙有黄金沙放光
明·冯梦龙

汤武以谔谔而昌
桀纣以唯唯而亡
汉·孔安国

等闲识得东风面
万紫千红总是春
宋·朱熹

自重是第二信仰
是约束万恶之本
英·培根

事能知足心常惬
人到无求品自高
清·陈伯崖

赏玩一样东西中
最紧要的是心境
林语堂

吾观古今贤达人
成功不退皆殒身
唐·李白

神仙本是凡人做
只为凡人不肯修
明·冯梦龙

尝遍穷愁生死味
淡然过去乐无忧
蔡和生

种树者必培其根
种德者必养其心
明·王守仁

幸福的三大要素
内向宽厚和无私
英·阿诺德

白银不如黄金贵
黄金不如美德好
古罗马·贺拉斯

品格能决定人生
它比天资更重要
美·詹妮弗·桑德斯

没有抽象的真理
真理总是具体的
苏联·列宁

猛石可裂不可卷
义士可杀不可羞
唐·李朝威

心正不怕影子斜
脚正不怕倒踏鞋
清·文康

比生命还贵重的
就是真理和名誉
孙中山

人生自古谁无死
留取丹心照汗青
南宋·文天祥

自信人生二百年
会当击水三千里
毛泽东

登山始觉天高广
到海方知浪渺茫
宋·王博

人越是积怨于怀
就越是易动肝火
古罗马·维吉尔

艰难之日要坚定
顺利之时要谨慎

强中自有强中手
能人背后有能人

好拳不赢头三手
自有高招在后头

要知世事奥妙多
需要长期做学徒

做人莫学无砣秤
三分成绩尾就翘

拥有的才智越多
越是感到不满足
法·达兰贝尔

人即使登上顶峰
也仍要自强不息
美·罗素贝克

因为他头脑空空
装得下许多东西
　　巴金

九牛一毛莫自夸
骄傲自满必翻车
　　陈毅

历览古今多少事
成由谦逊败由奢
　　陈毅

好说己长便是短
自知己短便是长
　　清·申居郧

节慎者修身之本
骄矜者败德之源
　　元·脱脱

为人第一谦虚好
学问茫茫无尽期
　　明·冯梦龙

一失足成千古恨
再回头是百岁人
　　明·杨仪

骄傲在败坏之先
妄言在跌倒之前
　　《圣经·箴言》

忘了自己的缺点
就产生骄傲自满
　　古希腊·德谟克利特

喝时一滴如甘露
醉后添杯不如无
　　《增广贤文》

酒中不语真君子
财上分明大丈夫
近时学得乌龟法
得缩头时且缩头
路逢险处难回避

事到头来不自由
受恩深处宜先退
得意浓时便可休
莫待是非来入耳
从前恩爱反为仇
爽口食多偏作病
快心事过恐生殃

躲进小楼成一统
管他春夏与秋冬
　　鲁迅《自嘲》

欲知世事须尝胆
会尽人情暗点头
志宜高而心宜下
胆欲大而心欲小
　　《增广贤文》

对阴险者勿推心

遇高傲者勿多口
花因色娇遭蝶采
雀因声巧被笼牢
识时务者为俊杰
通机变者是英豪
《晏子春秋》

举杯消愁愁更愁
抽刀断水水更流
唐·李白

良言一句值千金
妄言一千如粪土
千年事业方寸内
万里乾坤掌握中
各人自扫门前雪
莫管他人瓦上霜
《事林广记·警世格言》

人遇误解休怨恨
事逢得意莫轻狂
进退两难心问口
三思忍耐口问心
知事晓事不多事
忍人让人不欺人
不信但看筵中酒
杯杯先劝有钱人
蠢鱼才上两回钩
智者不上两次当
经验是智慧之父
经历是才智之母
第一印象不可靠
一番思考很重要
纵然是金玉良言
也要讲的是地方

传说就像放大镜
会把什么都夸大
狐狸不爱听狗叫
病人不爱开玩笑
一个和尚一套经
一个将军一个令
看到别人的毛病
改正自己的缺点
走运之日要警惕
灾难临头要坚强
入门休问荣枯事
观看容颜便得知
会使不在家富豪
风流不用多着衣
牡丹花好空入目

枣花虽小结果实
画水无风空作浪
《增广贤文》

绣花虽好不闻香
《增广贤文》

莫作亏心侥幸事
自然灾患不来侵

莫道眼前无可报
分明折在儿孙边

雨里深山雾里烟
看事容易做事难

成家犹如针挑土
败家好似水推沙

成就大事业的人
都是从小事做起

盛喜中勿许人物
盛怒中勿答人书

戒酒戒烟戒贪欲
律己律妻律子女

贪于进者则遗远
溺于利者则伤名

必须往后退几步
才能往前跳得远

握住一个在手里
胜过两个在眼里

鞋子在哪儿硌脚
只有自己才知道

诡计总要穿衣服
真理却喜欢裸露
英·培根

勤能补拙是良训
一份辛苦一分才
华罗庚

无言暗室何人见
咫尺斯须已四知
唐·周昙

明者见危于无形
智者视祸于未萌
三国·钟会

世事洞明皆学问
人情练达即文章
清·曹雪芹

老把精神苦抛却
功夫深浅心自明
齐白石

对工作热忱的人
具有无限的力量
美·威廉·费尔波

顺理而举易为力
背时而动难为功
《晋书》

相信自己的眼睛
可不要相信耳朵
苏联·亚·索尔仁尼琴

丈夫立身须自醒
知祸知福如形影
唐·樊铸

闻人之谤当自修
闻人之誉当自惧
明·胡居仁

横看成岭侧成峰
远近高低各不同
宋·苏轼

举一纲而万目张
解一卷而众篇明
汉·郑玄

以镜自照见形容
以人自照见吉凶
汉·戴德

气血之怒不可有
礼义之怒不可无
清·史典

诸葛一生唯谨慎
吕端大事不糊涂
毛泽东

一时强弱在于力
千秋胜负在于理
曹禺

迁善当如风之速
改过当如雷之决
明·王廷相

花如解语应多事
石不能言最可人
清·蒲松龄

不应为而为则败
应为而不为则殆
印·瓦鲁瓦尔

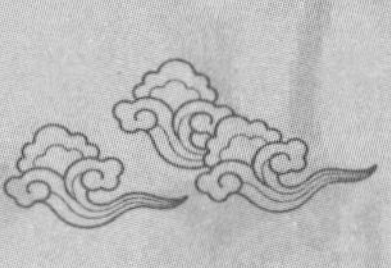

见日月不为明目
闻雷霆不为聪耳
《孙子兵法·形篇》

喜时之言多失信
怒时之言多失体
明·陈继儒

得意勿恣意奢侈
失意勿抑郁失措
清·弘一大师

成事在理不在势
服人以诚不以言
宋·苏轼

聪明人想了再说
傻瓜说错了再想
英·科尔顿

打牌的不会都赢
赌博的注定要输

人逢忠义情偏洽
事到颠危策愈全
明·施耐庵

有关国家书常读
无益身心事莫为
徐特立

不会做小事的人
也做不出大事来
俄·罗蒙诺索夫

不考虑事情后果
必为时代所遗弃
《一千零一夜》

无事时不教心空
有事时不教心乱
清·唐彪

能受天磨真铁汉
不遭人忌是庸才

宁在探索中失败
不在守旧中成功

自古英雄多磨难
从来纨绔少伟男

蜗牛角上校雌雄
石火光中争长短

胆大锯龙头上角
心雄拔虎嘴边毛

莫谓草庐无俊杰
须知山泽出英雄

卧薪尝胆磨意志
风霜雨雪炼精神

勇敢可以夺城堡
果断能够排万难

洞明世事胸襟阔
阅尽人情天地宽

既要乐于身受苦
更要舍得脑受累

美貌迟早会消失
成就永远留人间

不学杨柳随风摆
要学高山一青松

行为最勇敢的人
心地总是最善良

只有上不去的天
没有下不去的山

老是流眼泪的人
是没有出息的人

从来好事天生险
自古瓜儿苦后甜
元·白朴

大鹏一日同风起

扶摇直上九万里
唐·李白

飞蛾爱灯非恶灯
奋翼扑明甘自陨
清·魏源

知难而进是勇士
知难而退是懦夫
马铁丁

好事尽从难处得
少年无向易中轻
唐·李咸用

生来奔走万山中
踏尽崎岖路自通
邓拓

凡事自强不息者
最终都会成功的
德·歌德

自强为天行之健
志刚为大君之德
康有为

青春一去不复返
事业一纵永无成
英·勃朗宁

山重水复疑无路
柳暗花明又一村
宋·陆游

意志引人入坦途
悲伤陷人于迷津
英·斯宾塞

独有英雄驱虎豹
更无豪杰怕熊罴
毛泽东

谁道崤山千古险
回头只看一泥丸
清·林则徐

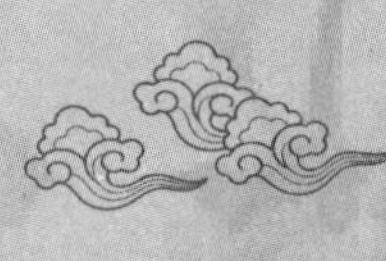

不以挫抑而灰心
不以失败而退却
黄兴

常将有日思无日
莫把无时当有时

池塘积水须防旱
田地深耕足养家
《增广贤文》

有志之人立长志
无志之人常立志

略尝辛苦方为福
不做聪明便是才

生产好比摇钱树
节约就像聚宝盆

节约好比燕衔泥
浪费好比坝决堤

只有勤来没有俭
好比有针没有线
晴天不忘有雨天
丰年也需防灾年
奢者狼藉俭者安
一凶一吉在眼前
唐·白居易
当用则万金不惜
不当用一文不费
眼下胡花乱铺张
往后月月空荡荡
大吃大喝顾眼前
省吃俭用度灾年
出门走路看风向
穿衣吃饭称家当
衣服一半是旧装

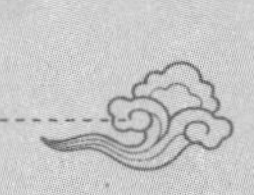

耗子还存三分粮
历览前贤国与家
成由勤俭败由奢
唐·李商隐
要把事情都办好
就得坚持起身早
祷告上帝没有用
还得自己把手动
马行无力皆因瘦
人不风流只为贫
《增广贤文》
贫在闹市无人问
富在深山有远亲
《增广贤文》
一朝马死黄金尽
亲者如同陌路人
《金瓶梅》

功名富贵若长在
汉水亦应西北流
李白《江上吟》
眉开眼笑三分宝
唉声叹气财运倒
《中华圣贤经》
要学流水自己走
莫随朽物水上漂
有钱四十称老翁
无钱七十逞英雄
一等二靠三落空
一想二干三成功
发家致富勤为本
教子成才德为先
人心不足蛇吞象
事到头来螳捕蝉

粗茶淡饭有真味
窗明几净亦居安

见贫休笑富休夸
谁是常贫久富家

无名小草年年绿
不信男儿代代穷

越狡越奸越贫穷
奸狡原来天不容

富贵若从奸狡得
世间哪有正气风

有钱能使鬼推磨
无钱鬼也不上门

活时只恨钱财少
死时方知财非宝

肚饱时不忘饥饿
有钱时不忘贫穷

宁可清贫受人敬
不可家富有臭名

劳动要适时开始
享乐要适时结束

劳动是财富之父
土地是财富之母
英·威廉·配第

勤能补拙是良训
一分辛劳一分才
华罗庚

我害怕囊空如洗
所以我吝啬金钱
法·卢梭

富人是想吃就吃
穷人是能吃就吃
古希腊·第欧根尼

年年逐利西复东

姓名不在县籍中
唐·张籍

贫穷能使人沉沦
但也能使人升华
苏联·高尔基

尚俭者开福之基
好奢者起贫之兆
清·张鉴

恒心架起通天桥
勇气吹开智慧门

马有四蹄走千里
人有两手创奇迹

莫学灯笼千只眼
要学蜡烛一条心

井淘三遍吃水甜
人从三师武艺强

强将手下无弱兵
骏马蹄下无遥途
香花不一定好看
会说不一定能干
不怕阴雨天气久
只要西北开了口
石看纹理山看脉
人看志气树看材
黄河尚有澄清日
岂可人无得运时
年轻莫道春光好
只怕秋来有冷时
屋漏更遭连阴雨
行船又遇顶头风
时来风送滕王阁

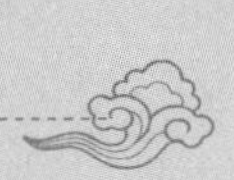

运去雷轰荐福碑
《增广贤文》

好话说尽不充饥
墙上画马不能骑
有意栽花花不开
无心插柳柳成荫
《增广贤文》

进山不怕虎伤人
下海不怕龙卷身

十月怀胎一样生
哪有穷命富命分

孤客一身千里外
未知归日是何年
唐·崔涂

人言落日是天涯
望极天涯不见家
宋·李觏

古来青史谁不见
今见功名胜古人
唐·岑参

满目荒凉谁可语
西风吹老丹枫树
清·纳兰性德

天生我才必有用
千金散尽还复来
唐·李白

樱桃好吃树难栽
不下苦功花不开
马烽

豪华尽出成功后
逸乐要知与祸双
北宋·王符

成立之难如升天
覆坠之易如燎毛
宋·欧阳修

顺理而举易为力
背时而动难为功
唐·房玄龄

微乎其微的优势
往往会带来胜利
英·达尔文

业精于勤荒于嬉
行成于思毁于随
唐·韩愈

策马前途需努力
莫学龙钟虚叹息
唐·李涉

沧海可填山可移
男儿志气当如斯
宋·刘过

长风破浪会有时
直挂云帆济沧海
唐·李白

对未来顾虑太多
乃是最悲惨的事
古罗马·辛尼加

三秋庭绿尽迎霜
唯有荷花守红死
唐·温庭筠

沉舟侧畔千帆过
病树前头万木春
唐·刘禹锡

踏破铁鞋无觅处
得来全不费功夫
明·施耐庵

但得夕阳无限好
何须惆怅近黄昏
朱自清

钱可以逼死英雄
钱可以买尽美女
三毛

天上若无难路走
世间哪个不成仙
清·袁牧

小荷才露尖尖角
早有蜻蜓立上头
宋·杨万里

白首壮志训大海
青春浩气走千山
林伯渠

在青年的字典中
没有失败这个词

男儿不展风云志
空负天生八尺躯
明·冯梦龙

怀着希望向前走
胜利到达目的地
英·琼斯

幸福越与人共享
它的价值就越大
日本·森村诚一

愿望是半个生命
淡漠是半个死亡
黎巴嫩·纪伯伦

画工须画云中龙
为人须为人中雄
秋瑾

男儿一副好身手
拼将热血洒神州
李贯慈

中华民族一家亲
同心共筑中国梦
习近平

志若不移山不改
何愁青史不书功
五代十国·钱缪

立志在坚不在说
成功在久不在速
张孝祥

贫而懒惰乃真穷
贱而无志乃真贱
法·罗丹

幸福后面是灾祸
灾祸后面是幸福
法·拉罗什富科

无欲自然心如水
有营何止事如毛
宋·赵师秀

纸上得来终觉浅
绝知此事要躬行
南宋·陆游

三分春色描来易
一段伤心画出难
明·汤显祖

时来天地皆同力
运去英雄不自由
唐·罗隐

只有服从大自然
才能战胜大自然
英·达尔文

蛟龙须待春雷吼
雕鹗腾风万里游
元·亢文苑

命运不是统治者
而是造化的奴隶
光明之前有混沌
创造之前有破坏
郭沫若

相逢不饮空归去
洞口桃花也笑人
《增广贤文》

布衣之交不可忘
人生乐在相知心

求人需求英雄汉
济人需济急无时

一个篱笆三个桩
一个好汉三个帮

大爱筑起通天路
众志凌云可成城

单独一人难搬石
同心协力能移山

欺骗有时能成功
但它往往是自杀

对朋友冷酷的人
最后死在冰块上

一人挑土不显眼
众人挑土堆成山

诚实比空话值钱
行动比语言有力

爬山越岭要互助
渡江过河要齐心

事事让人非我弱
平生守己任他强

天下多有不平事
世上难遇有心人

君子之交淡如水
小人之交甘若醴
战国·庄周

万两黄金容易得
知心一个也难求
清·曹雪芹

要做真正的知己
就必须相互信任
俄·列夫·托尔斯泰

有缘千里来相会
无缘对面不相逢
明·施耐庵

相亲相爱如兄妹
相友相助如盟会

一旦交上了朋友
就不要轻易抛弃
法·梭伦

合意客来心不厌
知音人听话偏长
明·冯梦龙

古今惟称知己少
驱山塞海事无难
明·俞大猷

平日若无真义气
临时休说死生交
明·施耐庵

人生交契无老少
论交何必先同调
唐·杜甫

同是天涯沦落人
相逢何必曾相识
唐·白居易

友如作画须求淡
山似论文不喜平
元·翁朗夫

嫩绿枝头红一点
动人春色不须多
宋·释亮

友谊能倍生快乐
友谊能减半忧愁
英·培根

世上友谊本罕见
平等友谊更难求
英·培根

伤害可能被原谅
但不可能被忘却
古希腊·伊索

故人故情怀故宴
相望相思不相见
唐·王勃

我有清风高节在
知君不负岁寒友
唐·牟融

幸与松柏相近栽
不随桃李一时开
唐·白居易

欲知子弟成何品
但看何人共往来
清·石天基

清茶淡饭难逢友
浊酒狂歌易得朋
明·吴乔

相见时难别亦难
东风无力百花残
唐·李商隐

成功可招引朋友
挫败可考验朋友

一致是强有力的
纷争易于被征服
古希腊·伊索

打虎还得亲兄弟
上阵须教父子兵

军民团结如一人
试看天下谁能敌
毛泽东

一双冷眼看世界
满腔热血酬知己
清·袁牧

贫者唯言可赠行

临分握手尽交情

宋·刘克庄

一夜思量十年事
几人强健几人无

唐·元稹

劝君更尽一杯酒
西出阳关无故人

唐·王维

人生难得一知己
烂贱黄金何足奇

梅兰芳

人生结交在始终
莫以升沉中路分

唐·贺兰进明

度尽劫波兄弟在
相逢一笑泯恩仇

鲁迅

相逢好似初相识
到老终无怨恨心

《增广贤文》

有茶有酒多兄弟
急难何曾见一人

人情似纸张张薄
世事如棋局局新

《增广贤文》

在家不会迎宾客
出外方知少主人

是非只因多开口
烦恼皆因强出头

人情似水分高下
世事如云任卷舒

《增广贤文》

人生何处不相逢
莫因小怨动色声

君子先择而后交
小人先交而后择

结君子千年有益
交小人转眼无情

容天下难容之事
笑世间可笑之人

朱元璋《联句》

世事茫茫难自料
清风明月冷看人

无求到处人情好
不饮随他酒价高

十个指头有长短
荷花出水有高低

看破世事惊破胆
伤透人情寒透心

苦辣酸甜皆自品

是非功过任人评
为人处事两件宝
和为贵来忍为高
待人宽三分是福
处世让一步为高
话到舌尖留半句
事从礼上让三分
《济公全传》
持家有道唯忠厚
得饶人处且饶人
近水楼台先得月
向阳花木早逢春
南宋·俞文豹《清夜录》
处事乐观身自健
与人交往理在先
知音说与知音听

不是知音莫共鸣
种花须知百花异
交友要懂百人心
为人不做亏心事
半夜敲门心不惊
为人处处行方便
福也增来寿也添
知恩不报非君子
鼠肚鸡肠不丈夫
害人之心不可有
防人之心不可无
明·洪应明
平日待人厚道多
急难自有人来帮
强中自有强中手
莫在人前夸海口

人在饿时给一口
胜在饱时给一斗
多个朋友多条路
少个对头少负担
礼尚往来频交际
以诚待人百事安
退一步峰回路转
让三分海阔天空
酒肉面前知己假
患难之中兄弟真
山与山无法相会
人与人总要相逢
旅途中需要同伴
生活中需要同情
别把豺狼当猎狗
别把敌人当朋友

可憎者人情冷暖
可恶者世态炎凉

易涨易退山溪水
易反易覆小人心
《增广贤文》

言多语失皆因酒
义断亲疏只为钱
《名贤集》

成人之美真君子
嫉贤妒能是小人

忘恩负义非君子
反目成仇是小人

临事须替别人想
论人先将自己评

麻绳爱从细处断
漏洞多从粗心来

邻居肚量放得宽
你与邻居没祸端

不怕吃饭拣大碗
就怕干活爱偷懒

一个朋友一条路
一个冤家一堵墙

笛要吹到眼子上
话要说到点子上

宽阔的河流平静
有教养的人谦虚

天可度来地可量
唯有人心最难防

跟着好人学好人
跟着神婆跳假神
清·李光庭

除真挚之心灵外
再无高贵的仪容
英·拉斯金

画虎画皮难画骨
知人知面不知心
元·孟汉卿

善誉人者人誉之
单毁人者人毁之
宋·邓牧

礼貌周全不花钱
却比什么都值钱
西·塞万提斯

以人之长补其短
以人之厚补其薄
汉·刘向

只有永恒的冷淡
才是永恒的亲密
冰心

受人知者分人忧
受人恩者急人难
清·蒲松龄

猝然临之而不惊
无故加之而不怒
宋·苏轼

莫愁前路无知己
天下谁人不识君
唐·高适

知己那须分贵贱
穷途容易感心情
清·袁牧

多言不可与远谋
多动不可与久处
隋·王通

身无彩凤双飞翼
心有灵犀一点通
唐·李商隐

在指责他人之前
先检查自己错误
美·卡耐基

梅须逊雪三分白
雪却输梅一段香
宋·卢梅坡

心病终须心药治
解铃还需系铃人
清·曹雪芹

要有强烈的热诚
热诚会引来热忱

人若失去了诚实
也就失去了一切
英·黎里

接近责备你的人
远离称赞你的人
《犹太律书》

入其国者从其俗
入其家者避其讳
汉·刘安

敌人要从宽认定
朋友要从严录取
李敖

人生富贵驹过隙
惟有荣名寿金石
清·顾炎武

财迷心窍志必小
官迷心窍品难高

贪爱沉溺即苦海
利欲炽热是火坑

劝君莫做守财奴
死去何曾带一文

有了百万想千万
做了皇帝想成仙

人的欲望没个够
比起大地还要厚
狂风吹不灭萤火
槐树长不出苹果
人恶人怕天不怕
人善人欺天不欺
善恶到头终有报
只争来迟与来早
但将冷眼观螃蟹
看你横行到几时
草怕严霜霜怕日
恶人自有恶人磨
金风未动蝉先觉
暗算无常死不知
良言一句三冬暖

恶语伤人六月寒
《增广贤文》

多行不义必自毙
多做好事有善终
勿为私利伤天理
不昧良心陷害人
勿以小嫌疏至戚
勿以新怨忘旧恩
落井下石是恶棍
雪中送炭真仁人
利刃割体痕易合
恶语伤人恨不消
鬼神可敬不可谄
冤家宜解不宜结
平生只会说人短
何不回头把自量

世道沧桑几多忧
乱世纷纷争不休
量大能消千年怨
德高常记一滴恩
荣宠旁边辱等待
贫贱背后福跟随
为人莫作千年计
三十河东四十西
平生最爱鱼无舌
游遍江湖少是非
发财之路诱惑多
一时不慎进漩涡
一怒之下踢石头
只有痛着脚趾头
隔墙隔居不隔心
多年邻居变成亲

自私者不体谅人
自大者看不起人
别为富有而得意
别为贫穷而丧气

君子之言寡而实
小人之言多而虚
汉·刘向

行善事则为君子
行恶事则为小人
唐·吴兢

狼即使失去牙齿
也不会失去本性
法·谚语

横眉冷对千夫指
俯首甘为孺子牛
鲁迅

不管你爱怎么说

无赖大多是笨蛋
法·伏尔泰

酒逢知己千杯少
话不投机半句多

笑渐不闻声渐悄
多情却被无情恼
宋·苏轼

机关算尽太聪明
反误了卿卿性命
清·曹雪芹

不廉则无所不取
不耻则无所不为
清·顾炎武

假作真时真亦假
无为有处有还无
《红楼梦》

内心在追求复仇

复仇在追求牺牲
波兰·显克微支

投之亡地然后存
陷之死地然后生
春秋·孙武

直饶今日能知悔
何不当初莫去为
明·施耐庵

一寸光阴一寸金
寸金难买寸光阴
《唐·王贞白》

利用好你的时间
时间正疾步向前

时间好比河中水
只有流去不流回

枯木逢春犹再发

人无两度再少年
《增广贤文》

人生七十古来稀
问君还有几春秋
《增广贤文》

好花难种不常开
少年易老不重来

少年休笑白头翁
花开能有几日红

一头白发催将去
万两黄金买不回

有田不耕仓廪虚
有书不读子孙愚
仓廪虚兮岁月乏
子孙愚时礼义疏
《闲云野鹤》

世间好话书说尽

天下名山僧占多
《增广贤文》

日日走能行千里
时时学能破万卷

读书不一定做官
做官一定要读书

家有余粮鸡犬饱
户有书籍子孙贤

宝贵光阴静里去
高深学问苦中来

青云有路终须到
金榜无名誓不归

百经挫折心不屈
屡遭坎坷志不颓

勤能得业为良友
有益身心在好书

闲中觅伴书为先
身外无求睡最安

年怕中秋月怕半
男儿立志在少年
《古今贤文》

熟读唐诗三百首
不会作诗也会吟

读书全在自用心
老师不过引路人

书中自有颜如玉
书中自有黄金屋
宋·赵恒

藏书万卷可教子
遗金满屋常为灾

要学蜜蜂采百花
问遍百家成行家

蚂蚁爬树不怕高
有心学习不怕老

勤学者如禾如稻
不学者如蒿如草

书山有路勤为径
学海无涯苦作舟
唐·韩愈

坏书比坏人更坏
因为它不会悔改

秀才不怕衣衫破
只怕肚里没有货

知识好比池中水
日旬月年常积累

反复提炼主题深
忍痛割爱文章精

米淘三遍沙粒少
文改数遍质量高

一心追求吃和喝
不思学习人笨拙

不知道并不可耻
不想知道才可耻

问问只惭愧一时
不问则惭愧一世

昨日花开满树红
今朝花落一场空

记得少年骑竹马
看看又是白头翁

时间能赚来黄金
黄金买不来时间

只管读书不玩耍
聪明孩子也变傻

春耕不好害一春
教儿不好害一生

闲坐悲君又自悲
百年能是几多时
唐·元稹《遣悲怀三首》

心灵致命的仇敌
乃是时间的腐蚀
法·罗曼·罗兰

黑发不知勤学早
白发方恨读书迟
唐·颜真卿

少年辛苦终身事
莫向光阴惰寸功
唐·杜荀鹤

青春是人生之花
生命是自然表现
日本·池田大作

春风秋月不相待
倏忽朱颜变白头
明·于谦

日积月累见功勋
山穷水尽惜寸阴
华罗庚

青春一去不复返
事业一纵永无成
英·勃朗宁

劝君莫惜金缕衣
劝君须惜少年时
唐·杜秋娘

对未来顾虑太多
乃是最悲惨的事
古罗马·辛尼加

在时间的大钟上
只有两个字现在
英·莎士比亚

春花不红不如草
少年不美不如老
清·袁牧

为学应须毕生力
攀登贵在少年时
苏步青

韬略终须建新国
奋飞还待读良书
郭沫若

读书欲精不欲博
用心欲专不欲杂
北宋·黄庭坚

富贵必从勤苦得
男儿须读五车书
唐·杜甫

唯一的好是知识
唯一的恶是无知
古希腊·柏拉图

愿乞画家新意匠
只研朱墨作春山
鲁迅

光阴给我们经验
读书给我们知识
苏联·奥斯特洛夫斯基

学习从来无捷径
循序渐进登高峰
高永祚

既然基础等于零
那就从零开始吧
英国谚语

读书而不能运用
所读书等于废纸
美·华盛顿

古之学者必有师
传道授业解惑也
唐·韩愈

不是我造就了书
而是书造就了我
法·蒙田

读得太快或太慢
你都将一无所获
法·帕斯卡

唯有吟哦殊不倦
始知文字乐无穷
北宋·欧阳修

蹉跎莫到韶光老
人生唯有读书好
宋·翁森

积累知识在于勤
学问渊博在于恒
法·雨果

劳动教养了身体
学习教养了心灵
英·史密斯

弟子不必不如师
师不必贤于弟子
唐·韩愈

旧书不厌百回读
熟读深思子自知
宋·苏轼

欧阳当日文名重
更要推敲畏后生
清·袁牧

书到用时方恨少
是非经过不知难
南宋·陆游

不存在任何方法
除非你才华横溢
英·艾略特

教育的根是苦的
但其果实是甜的
古希腊·亚里士多德

当心谬误的知识
它比无知更危险
英·萧伯纳

买书没有读书难
读书没有消化难
加拿大·奥斯勒

讨论是交换知识
辩论是交换无知

板凳要坐十年冷
文章不写半句空
范文澜

生活里没有书籍
就好像没有阳光
英·莎士比亚

读不在三更五鼓
功只怕一曝十寒
郭沫若

奋发识遍天下字
立志读尽人间书
宋·苏轼

鸟欲高飞先振翅
人求上进先读书
李苦禅

书到精绝潜心读
文穷情理放声吟
《对联集锦》

此曲只应天上有
人间能得几回闻
唐·杜甫

不惜寸阴于今日
必留遗憾于明朝
法·拿破仑

光阴似箭催人老
日月如梭趱少年
元·高明

少年易老学难成
一寸光阴不可轻
南宋·朱熹

浪费时间叫虚度
利用时间叫生活
英·扬格

一年之计在于春
一日之计在于晨
南北朝·萧铎

行囊羞涩都无恨
难得夫妻是同心

娶妻娶德不娶色
交友交心不交财

养子不教父之过
养女不教娘之错

夫能妻贤家和顺
父慈子孝乐天伦

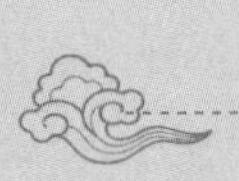

不要夫妻千担粮
只要夫妻好商量

一日夫妻百日恩
百日恩情似海深

一家之计在于和
一生之计在于勤
《增广贤文》

不求金玉重重贵
但愿儿孙个个贤

妻贤何愁家不富
子孝何须父向前

训子须从胎教始
端蒙必自小学初

岂无远道思亲泪
不及高堂念子心

父母恩深终有别
夫妻义重也分离

从小不知老娘亲
育儿才知报娘恩
不记当初娘养我
但看今朝自养儿
父母不亲跟谁亲
父母不敬敬何人
父母在日不孝顺
百岁年后哭鬼神
诸事不顺因不孝
怎知孝能感动天
为人能把父母孝
下辈孝子照样还
生前尽孝方为孝
死后尽孝徒枉然
要好儿孙须积德
欲高门弟快读书

教子不当儿遭殃
教子有方儿争光
娇生惯养误子女
文过饰非害无穷
百行万善孝为先
当知孝字是根源
当家才知盐米贵
养子方知父母恩
不论你漫游何方
家庭才是安乐窝
少时夫妻老来伴
相濡以沫度老年
百年修来同船渡
千年修来共枕眠
在天愿作比翼鸟
在地愿为连理枝
唐·白居易《长恨歌》

甜不过少年夫妻
苦不过鳏寡老人
天上下雨地下流
夫妻打架不记仇
数数家中三件宝
丑妻薄地小棉袄
功名富贵草上露
骨肉团圆锦上花
传家二字耕与读
守家二字勤与俭
世上莫过手足情
打断骨头连着筋
夫爱妻来妻爱郎
必是一对好鸳鸯
贫贱之交不可忘
糟糠之妻不下堂

凤凰落在草窝里
鲜花插在牛粪上

老虎不走回头路
兔子不吃窝边草

勇士在战场发威
懦夫在家里逞能

脸蛋如何不要紧
要有一颗善良心

要想认识未婚妻
仔细观察丈母娘

爱过才知痛滋味
痛过才知情可贵

大事相商不吵闹
小事相让暖心田

娇妻唤作枕边灵
十事商量九事成

满眼荣华何足贵
一家和睦胜千金

满眼荣华不足贵
一家快乐值钱多

兄弟同心金不换
妯娌齐心家不散

少年首先学称呼
尊老爱幼要记住

薄待爹娘亲骨肉
福根消去变贫寒

往返千里去烧香
不如在家敬爹娘

生前不给父母吃
死去何必去祭坟

团圆莫做波中月

洁白莫为枝上雪
唐·温庭筠

手中十指有长短
截之痛惜皆相似
唐·刘商

劝君莫负艳阳天
恩爱欢娱趁少年
英·莎士比亚

人不能灭绝爱情
亦不能迷恋爱情
英·培根

没有爱情的人生
不是真正的人生
法·莫里哀

孔子家儿不知骂
曾子家儿不知怒
明·苏士潜

每个人都得长大
关键在于怎么长
陈洪治

恋爱是一门艺术
结婚是一项事业
俄罗斯谚语

花朵预兆着果实
少女梦想着爱情
法·雨果

世间最美的东西
就是春天和爱情
德·海涅

谁真正爱过一次
就不会再爱别人
俄·普希金

忆君心似西江水
日夜东流无歇时
唐·鱼玄机

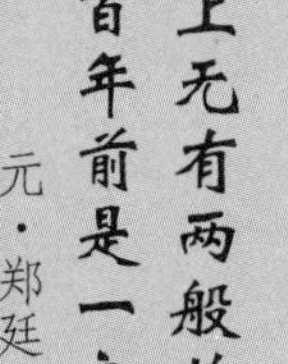

树上无有两般花
五百年前是一家
元·郑廷玉

婚姻有许多痛苦
但独身没有欢乐
英·塞·约翰逊

山有木兮木有枝
心悦君时君不知
《越人歌》

没有和睦的家庭
没有安定的社会
日本·池田大作

两情若是久长时
又岂在朝朝暮暮

花落六回疏信息
明月千里两相思
宋·杨万里

吐糟粕而吸精华
略形貌而取神骨
清·许印芳

婚前要睁大眼睛
婚后则眼开眼闭
英·托马斯·富勒

东边日出西边雨
道是无情却有情
唐·刘禹锡

一寸相思千万绪
人间没个安排处
宋·李冠

春宵一刻值千金
花有清香月有阴
宋·苏轼

五谷杂粮多进口
大夫改行拿锄头

机器不擦要生锈
人不卫生要短寿

一只苍蝇一只虎
飞到谁家谁家苦

喜怒忧思悲恐惊
七情过度皆伤身

平淡童心不易老
无求宽心一身轻

暴饮暴食易生病
定时定量方安宁

精力不可过分耗
常带三分饥和寒

午饭过后睡一觉
健健康康活到老

人体健康三件宝
放屁出汗打喷嚏

早睡早起跑跑步
一天做啥心有数

少荤多素日三餐
冷暖适度过百年

大道劝人三件事
戒色戒酒莫赌钱

健康首选太极拳
健康长寿过百年

人无泰然之习惯
必无健康之身体
法·拿破仑

动是健康的源泉
也是长寿的秘诀
马约翰

半部论语治天下
一代风流看今朝

风平浪静不丢浆
形势大好不丢枪

经历过动荡的人
方知安定的可贵
谚语

在自然法则面前
人人都是平等的

大河有水小河满
大河无水小河干

将在谋而不在勇
兵在精而不在多
明·徐渭

自古骄兵多致败
从来轻敌少成功
元·罗贯中

没有绝对的权利
没有绝对的平等

个人利益淡如水
党的事业重如山
陈云

爱国不分先与后
徘徊终究误前程
朱蕴山

男儿一副好身手
拼将热血洒神州
李贯慈

愿将此身长报国
何须生入玉门关
唐·戴叔伦

欲造伟大之国民
必自家庭教育始
英·赫胥黎

宰相必起于州部

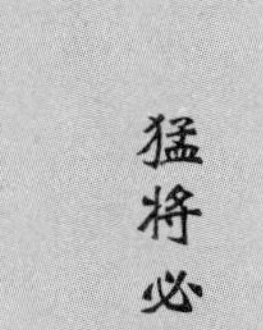

猛将必发于卒伍
战国·韩非

改革是纠正弊端
革命是权力转移
英·布尔沃·利顿

公道达而私门塞
公义立而私事息
汉·韩婴

士之美者善养禾
君之明者善养士
汉·班固

兵可千日而不用
不可一日而不备
唐·李延寿

棋逢对手难藏幸
将遇良才好用兵
明·施耐庵

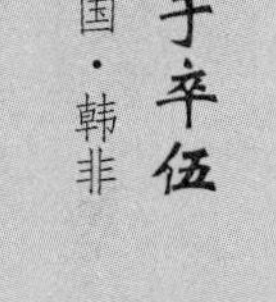

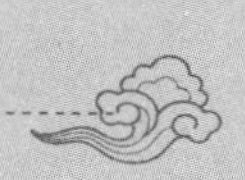

名将以身殉国家
愿拼热血为吾华
朱德

为有牺牲多壮志
敢叫日月换新天
毛泽东

取日新以图国强
去因循以厉天下
康有为

世治则以义卫身
世乱则以身为义
《淮南子》

将拒谏则英雄散
策不从则谋士叛
战国·黄石公

治川者决之使导
治民者宣之使言

《吕氏春秋·恃君览·达郁》

敬一贤则众贤悦
诛一恶则众恶惧
唐·魏徵

末大于本则易折
尾大于腰则不掉
汉·刘安

治国无其法则乱
守法而不变则衰
《慎子·逸文》

私道行则法度侵
刑法繁则奸不禁
春秋·管仲

凡有法律的地方
就有不公道的事
俄·列夫·托尔斯泰

人类受制于法律

法律受制于情理
英·托马斯·富勒

吾欲除贪官污吏
奈何朝杀而暮犯
明·朱元璋

近寺人家不重僧
远来和尚好念经

酒虽养性还乱性
水能载舟亦覆舟

生姜还是老的辣
八角也是老的香

雨前有风雨不久
雨后无风雨不停

只为成功找方法
不为失败找借口

世事多因忙里错

好人多自苦中来

矮人看戏何曾见
都是随人说长短

要使真理沉下去
除非金子浮上来

鸟靠翅膀兽靠腿
人靠智慧鱼靠尾

时到天亮方好睡
人到老年才学乖

惨痛教训警自己
沉重代价唤别人

群雁无首不成行
羊群出圈看头羊

风吹云动天不动
水涨船高岸不移

谬误之中有真理

真理之中有谬误
是没有不成功的
英·罗·勃朗宁

迷途既返速加鞭
振起雄心赶向前
清·洪秀全

失掉母爱最可怜
失掉妻爱最凄凉
失掉友爱最孤单

公正是为官之基
诚信是为人之本
廉洁是威望之根

与智者言依于博
与博者言依于辩
与辩者言依于要
春秋战国·鬼谷子

无论做什么事情
只要肯努力奋斗
是没有不成功的
英·牛顿

非识无以断其意
非才无以善其文
非学无以练其事
清·章学诚

两悔无不释之怨
两求无不合之交
两怒无不成之祸
明·吕坤

果断就获得信心
信心就产生力量
力量是成功之母
德·亨利希曼

冷静思考的能力
一切智慧的开端
一切善良的源泉
奥地利·弗洛伊德

不愿说理是固执
不会说理是傻瓜
不敢说理是奴隶
苏格兰·德拉蒙德

人生在世守身实难
一味小心方保百年
一点一滴汇成大海
一分一秒组成人生
一切言动都要安详
十差九错只为慌张
沉静立身从容说话
不要轻薄惹人笑骂
先学耐烦休要使气
性躁心粗一生不济
能有几句见人胡讲
洪钟无声满瓶不响
自家过失不须遮掩
遮掩不得双添一短
无心之失说开罢手
一差半错那个没有

须好认错休要说谎
教人识破谁肯作养
与人讲话看人面色
意不相投不须强说
自家有过人说要听
当局者迷旁观者清
白日所为夜来省己
是恶当惊是善休喜

《小儿语》

虎在软地上易失足
人在甜言里会摔跤
看自己莫用放大镜
看别人莫要隔门缝
原谅失败者之初心
注意成功者之末路
打铁的要自己把钳
种地的要自己下田

心灵要常保持年轻
头脑要常保持冷静
谨慎的人成竹在胸
办起事来有谋有勇
在拿到第二个之前
千万别扔掉第一个
好说歪理绝非善辩
能说会道过失必多
不是地位使人增光
而是人使地位生色
勿因群疑而阻独见
勿任己意而废人言
完名让人全身远害
归咎于己韬光养德

《菜根谭》

正人君子邪人不喜
你又恶他他肯饶你

珍惜自己青春的人
是世界上最美的人

深山的猛虎容易捕
众人的嘴巴不好堵

智慧要从幼年积累
骏马要从马驹练起

世界上最聪明的人
一定是最老实的人

非礼勿视非礼勿听
非礼勿言非礼勿动
《论语·颜渊》

超越别人要靠实力
超越自己要凭胆识

做胜利的英雄容易
做失败的英雄不易
陈毅

人生本质在于运动

安谧宁静就是死亡
法·帕斯卡

命运害怕勇敢的人
而专去欺负胆小鬼
古罗马·塞涅卡

产生快感的叫作美
产生不快感叫作丑
德·沃尔夫

不是事业为了思想
而是思想为了事业
法·伏尔泰

如果你要独占真理
真理就要嘲笑于你
法·罗曼·罗兰

认真是成功的秘诀
粗心是失败的伴侣
童第周

幽默是种人性修养
也是一种人生态度
梁晓声

不要等待运气降临
应去努力拿握知识
英·弗莱明

最好的老师是生活
最好的课堂是实践
王蒙

安不忘危慎不忘节
穷不忘操贵不忘道
唐·皮日休

不闻大论则志不宏
不听至言则心不固
汉·荀悦

无事如有事时提防
有事如无事时镇定
明·陆绍珩

经验是思想的结果
思想是行动的结果
英·本·迪斯累里

美貌是转眼易过的
而丑陋则是永久的
法·巴尔扎克

诚实是人生的命脉
是一切价值的根基
美·德莱塞

外貌只能夸耀一时
真美方能百世不殒
德·歌德

回忆往事从中得乐
等于活了两次人生

我是我命运的主人
我是我心灵的主宰
英·赫里克

山之妙在峰回路转
水之妙在风起波生
唐·张锡

若没有对生的绝望
就不会有对生之爱
法·加缪

不给别人自由的人
自己不该得到自由
美·林肯

冷眼观人冷耳听话
冷情当感冷心思理
明·洪应明

智者千虑必有一失
愚者千虑必有一得
汉·司马迁

志士不饮盗泉之水
廉者不受嗟来之食
南朝·范晔

心志要苦意趣要乐
气度要宏言动要谨
清·金缨

说话周到比雄辩好
措辞适当比恭维好
英·培根

话不像话最好不说
话不投机最好沉默
波斯·萨迪

勿以小恶弃人大美
勿以小怨忘人大恩
清·申居郧

仁者不以盛衰改节
义者不以存亡易心
《三国志》

仁爱先从自己开始
公正先从别人开始
英·狄更斯

在厄运中满怀希望
在好运中不忘忧虑
古罗马·贺拉斯

比起肉体的痛苦来
心灵的痛苦更深切
古罗马·贺拉斯

与其做愚蠢的智人
不如做聪明的愚人
英·莎士比亚

谨慎使你免于灾害
宽容使你免于纠纷
德·叔本华

只有尊重别人的人
才有权受别人尊重
苏联·苏霍姆林斯基

论大功者不录小过
举大美者不疵细瑕
东汉·班固

有大略者不问其短
有厚德者不非小疵
南朝宋·范晔

弱不可凌愚不可欺
刚不可畏媚不可随
明·刘基

如果人人都很正直
就谁也不需要勇气
斯巴达·阿格西劳斯二世

勇将不怯死以苟免
壮士不毁节而求生

外因是变化的条件
内因是变化的根据
毛泽东

勿轻小事小隙沉船
勿轻小物小虫毒身
《关尹子·九药》

以无情的目光论事
以慈悲的目光看人
英·培根

任性不能叫作自由
只是非理性的自由
德·黑格尔

老鼠嘲笑猫的时候
它身旁必有一个洞
阿尔及利亚谚语

一举足不能无方向
一着论不能无宗旨
严复

愚人以快乐为幸福
智者以幸福为快乐
法·多尔维利

有一些责难是赞扬
有一些责难是诽谤
法·拉罗什富科

感官并不能欺骗人
欺骗人的是判断力
德·歌德

时间点点滴滴消失
犹如蜡烛慢慢燃尽
爱尔兰·叶芝

唯有认识自己之后
才可以不浪费生命

常无度则费而不恩
罚无度则戮而不威
春秋·孙武

学问是经验的积累
才能是刻苦的忍耐
矛盾

智慧要比心灵为高
思想要比感情可靠
苏联·高尔基

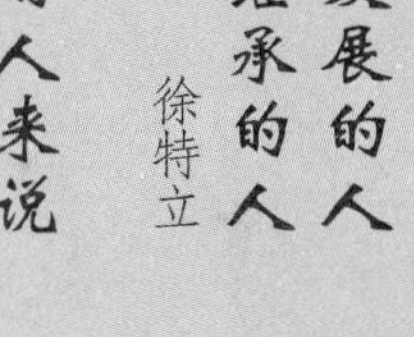

最能创造发展的人
也是最会继承的人
徐特立

对搞科学的人来说
勤奋就是成功之母
茅以升

天才做必须做的事
人才做能够做的事
英·梅瑞狄斯

幻想是诗人的翅膀
假设是科学的天梯
德·歌德

没有疯狂性格的人
绝没有庞大的天才
古希腊·亚里士多德

巧丽者发之于平淡
奇特者行之于简易
宋·范温

智慧是勤劳的结晶
成就是劳动的化身
捷克·伏契克

健康为最好的天赋
知足为最大的财富
信任为最佳的品德
释迦牟尼

欲胜人者必先自胜
欲论人者必先自论
欲知人者必先自知
战国·吕不韦

虚其心受天下之善
平其心论天下之事
潜其心观天下之理
定其心应天下之变
《西山群仙会真记》

处难处之事愈宜宽
处难处之人愈宜厚

处至急之事愈宜缓
处至大之事愈宜平
清·弘一大师

对所有人以诚相待
同多数人和睦相处
和少数人常来常往
只跟一人亲密无间
美·富兰克林

理求必真事求必是
言必守信行必踏实
事闲勿荒事繁勿慌
有言必信无欲则刚
和若春风肃若秋霜
取相于钱外圆内方
黄炎培

信仰是心中的绿洲
信念是心灵的良知

一句话能把人说笑

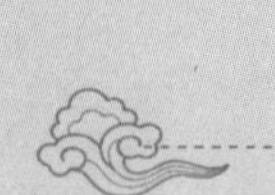

一句话能把人说跳

与人交往谦恭礼让
人敬一尺我敬一丈

勇士和谦虚是朋友
勇士和吹牛是敌人

决心攀登高山的人
总有通往山顶的路

把别人的长处看够
把自己的短处看透

别把自己比做柱石
别把他人比做茅草

百川学海而至于海
丘陵学山不至于山
汉·扬雄

性躁心粗一事无成

心平气和百福自集
明·洪应明

正己然后可以正物
自治然后可以治人
宋·岳飞

喜不应喜无喜之事
怒不应怒无怒之物
三国·诸葛亮

使聪明休使小聪明
学老诚休学假老诚
元·汤式

说诚实话显示公正
作假见证伤害无辜
《箴言》

心地不在戴帽穿衣
品德不在衣衫褴褛
波斯·萨迪

耐劳比力量更高尚
耐心比美貌更珍贵
英·罗斯金

当一个人开始忏悔
他真的开始爱自己
廖凤鸣

人生在世应当谦逊
丝毫不要轻人傲世
苏联·高尔基

失败可以导致胜利
死亡可以导致永生
印度·泰戈尔

人生赋予一种工作
那就是精神的成长
俄·列夫·托尔斯泰

可能有虚伪的谦虚
但没有虚伪的骄傲

君子以道德轻重人
小人以势力轻重人
清·宋晫

世界上最快乐的事
就是为理想而奋斗
古希腊·苏格拉底

当信用消失的时候
肉体就没有生命了
法·大仲马

没有信仰人的生活
无非是动物的生活
俄·列夫·托尔斯泰

太阳虽然普照四方
蝙蝠却看不见光芒
波斯·萨迪

思想一旦失去控制
行为就会脱离轨道
美·托马斯·威尔逊

与他人分享得越多
自己拥有的也越多
这就是所谓的奇迹

立身不忘做人之本
为官不移公仆之心
有权不谋一己之利
处事不循庸俗之风

担头车尾穷汉营生
日求升合休与相争
强取巧图只嫌不够
横来之物要你承受
《小儿语》

世间艺业要会一件
有时贫穷救你患难
饱食终日乱说闲耍
终日昏昏不如牛马
手下奴仆从容调理

他若有才不服事你

一不积财二不积怨
睡也安然走也方便

今日用度前日积下
今日用尽来日乞化

无可奈何先要安命
怨叹急躁又添一病
《小儿语》

会说的不如会听的
会听的不如会做的

机会不会找上门来
只有人去寻找机会

勤劳是穷人的财富
节俭是富人的智慧

挫折可以增长经验
经验能够丰富智慧

困难里包含着胜利
失败里孕育着成功

一手抓不住两条鱼
一眼看不清两行书

败家子抢后人的钱
吝啬鬼抢自己的钱

劳动是幸福的右手
节俭是幸福的左手
黎巴嫩·雷哈尼

节俭朴素人之美德
奢侈华丽人之大恶
明·薛瑄

一日一钱千日千钱
绳锯木断水滴石穿
汉·班固

与其先享福后受苦
不如先受苦后享福
波斯·萨迪

逆境显露创造能力
顺境隐没创造能力
爱尔兰格言

悲观的人虽生犹死
乐观的人永生不老
英·拜伦

敢创业者没有退路
最大的失败是放弃
马云

灰心是动摇的开端
动摇是失败的近邻
挪威·易卜生

产品的广告不真实
就会立刻失去顾客
曾宪梓

领先新潮流很重要
否则人们会忘掉你
英·庞德

不飞则已一飞冲天
不鸣则已一鸣惊人
汉·司马迁

欲为天下第一等人
当做天下第一等事
胡居仁

只有善于创新的人
才可能享受到幸福
奥地利·茨威格

想要攀登科学高峰
先得学会科学常识
俄·巴普洛夫

风可以把蜡烛吹灭
也可以把篝火吹旺
法·拉罗什富科

要成就一件大事业
就必须从小事做起
苏联·列宁

黑夜无论怎样悠长
白昼总是会到来的
英·莎士比亚

不经历巨大的困难
不会有伟大的事业
法·伏尔泰

知足是天赋的财富
奢侈是人为的贫穷
古希腊·苏格拉底

财产可能为你服务
但也可能把你奴役
古罗马·贺拉斯

人拥有的财富愈多
就愈少拥有他自己
意大利·格拉夫

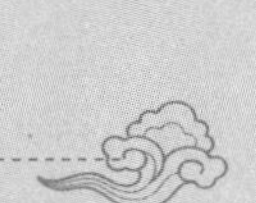

无知和富有在一起
就更加身价大跌了
德·叔本华

富人很少拥有财产
而是财产拥有他们
美·英格索尔

钱财少的人不算穷
贪财的人才是真穷
古罗马·塞涅卡

贫穷的伴侣是自由
约束将伴随着富裕
日本·木村戒三

知足的人可以安生
贪婪的人必然受累

滚动的石头不生苔
游荡的行业不聚财
法·雨果

在大多数富人中间
财富主要用于炫耀
英·亚当·斯密

人们必须相互理解
然后才什么都好办
法·左拉

缺少金钱不是问题
缺少想法才是问题

别因阔父亲而高傲
要以好儿子而自豪

地铁是勇敢者挤的
股市是无畏者炒的

幸福不会显山露水
它摒弃浮华和喧嚣

科学是永无止境的
它是一个永恒的迷
美·爱因斯坦

只要给我一个支点
我就能够撬动地球
希腊·阿基米德

活着不能没有抱负
不然就会感到空虚
苏联·高尔基

老骥伏枥志在千里
烈士暮年壮心不已
三国·曹操

最少有希望的事情
会出人意料地成功
英·莎士比亚

思想是行为的种子
思想是行为的先驱
美·爱默生

滴水穿石不是靠力
而是因为不舍昼夜
苏联·奥维奇金

耐心是高尚的秉性
坚韧是伟大的气质
美·詹·拉·洛威尔

真金在烈火中炼就
勇气在困难中培养
古罗马·小塞涅卡

能力愈运用而愈大
困难愈奋斗而愈小
恽代英

绝望毁掉了一些人
傲慢毁掉了许多人
美·富兰克林

谁能得到最后胜利
要看谁奋斗最坚决
陶行知

凡事皆须尽力而为
半途而废永无成就
英·莎士比亚

幸运最能显露恶德
厄运最能显露美德
英·培根

没有伟大的意志力
就不会有雄才大略
法·巴尔扎克

命运压不垮一个人
只会使人坚强起来
德·鲍尔

对你有帮助的东西
并不是唾手可得的
英·弗格森

从无数次的失败中
踩出一条成功之路
郭爱克

思想家要敢于行动
实干家要善于思考

离办公室越近的人
每天早晨到的最晚

最好的老师是生活
最好的课堂是实践
王蒙

热爱是最好的老师
它远远超过责任感
美·爱因斯坦

对真理的错误理解
不会毁灭真理本身
俄·别林斯基

要想世界有所改变
你必须先改变自己
印度·甘地

胜利者决不会退缩
退缩者决不会胜利

相信你抱有的希望
不要相信你的恐惧
美·戴维·马奥尼

引导而非忽视愿望
我们才会有所成就

别人性情与我一般
时时体悉件件从宽
《续小儿语》

要成好人须寻好友
引酵若酸哪得好酒
《增广贤文》

当面损人惹祸最大
是与不是尽他说罢

怒多横语喜多狂言
一时偏激过后羞惭

经目之事独恐不真
背后之言岂能全信

忠诚是友谊的桥梁

欺骗是友谊的叛逆

纵容你的不是朋友
帮助你的才是朋友

菜园里不要相信羊
羊圈里不要相信狼

篝火能把严寒驱散
团结能把困难赶跑

敌人的微笑是伤害
朋友的责难是友爱

天下的弓都是弯的
世上的理都是直的

厚者不毁人以自益
仁者不危人而要名
《战国策》

忍一朝气免百日忧
省半夜思养百年寿

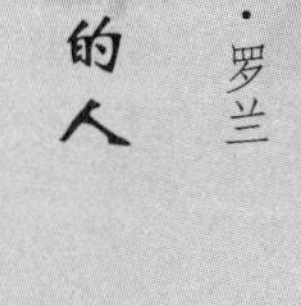

自奉必减几分为好
处世能退一步为高

待人宽容一分为好
处世让人一步为高

交友需带三分侠气
做人要存一点素心
明·洪应明

朋友一旦飞黄腾达
就什么也记不得了
法·巴尔扎克

人家帮我永志不忘
我帮人家莫记心上
华罗庚

一个人要帮助弱者
应当自己成为强者
法·罗曼·罗兰

只有信任自己的人

才有能力相信别人
美·弗洛姆

喜欢什么样的朋友
谁就是什么样的人
古希腊·伊索

哪个少男不善钟情
哪个少女不善怀春
德·歌德

醒了放在脑子里的
醉了才放在舌头上
苏联·高尔基

君子务知大者远者
小人务知小者近者
春秋·左丘明

语言切勿刺入骨髓
戏谑切勿中人心病
清·陆陇其

劝人息争者君子也
激人起事者小人也
清·申涵光

无名鼠辈让人忽略
大名鼎鼎遭人盯梢
马长山

一个人无话可说时
一定说得十分拙劣
法·伏尔泰

人们必须彼此理解
然后才什么都好办
法·左拉

对于沙漠中的旅人
金银不如一个萝卜
波斯·萨迪

虚伪的人文过饰非
诚实的人知错认错
法·拉罗什富科

涵容是待人第一法
恬淡是养心第一法
清·弘一大师

喜欢斥责别人的人
不是交朋友的材料
古希腊·德谟克利特

你要别人怎样待你
就得先怎样待别人
美·卡耐基

人情应酬可省则省
不必迁就勉强敷衍
清·弘一大师

仁者不以盛衰改节
义者不以存亡易心
《三国志》

圣贤是思想的先声
朋友是心灵的希望
美·爱默生

兄弟可能不是朋友
但朋友常常如兄弟
美·富兰克林

对友情唯一的考验
是长久不变的真诚
柯灵

朋友之间感情真诚
敌人就会无隙可乘
波斯·萨迪

友谊之花如同荧光
周围越黑显得越亮

天才如果袖手旁观
即使他的优美出众
也仍是畸形的天才
法·雨果

友谊是最纯粹的爱
它是爱的最高形式

它不要求任何东西
它没有任何的条件
印度·奥修

造言生事谁不怕你
也要提防王法天理

我打人还自打几下
我骂人还换口自骂
《小儿语》

既做生人便有生理
你来我往不会饶你

心要慈悲事要方便
残忍刻薄惹人恨怨
《续小儿语》

都要便宜谁愿损失
亏人是祸亏己是福

今天是昨天的裁判
末日是一切的裁判

希望不正当的得利
那就是损失的开始

喜欢让人害怕的人
说明自己是胆小鬼

智者说话精明机灵
愚者说话不得要领

小孩易被糖果逗哄
大人会被誓言所骗

露水经不起太阳晒
雪堆经不住烈火烤

骄傲是胜利的敌人
努力是成功的朋友

为浊富不若为清贫
以忧生不若以乐死

宁愿听痛苦的实话
不要听甜蜜的谎言

宁可说真话而服罪
也别说假话求开脱

鸡啄的不全是粮食
人说的不全是真理

在村子里勇敢的人
在森林里必然胆怯
老挝谚语

水再深也在船底下
山再高也在人脚下

好自夸的人没本事
有本事的人不自夸

英雄永不自称英雄
懦夫永不自称懦夫

对强盗只能用刀子
对恶狗只能用棍子

谴责粗鄙无济于事

因为它绝不会改变
德·歌德

错误是不可避免的
但是不要重复错误
周恩来

属于主观改之在己
属于客观改之在人
毛泽东

恶莫大于毁人之善
德莫大于白人之冤
清·申居郧

嫉妒潜伏在人心底
如毒蛇潜伏在穴中
法·巴尔扎克

不能真正恨恶的人
也就不能真正爱善
法·罗曼·罗兰

自私面前没有公家
贪欲面前忘了别人
巴金

存心要做坏事的人
永远不会缺乏机会
古希腊·伊索

憎恨是积极的不满
嫉妒是消极的不满
德·歌德

读书的人生最美丽
生命因阅读而精彩

滴水可以聚成江河
粒米可以聚成谷仓
波斯·萨迪

勤学是知识的土壤
多思是知识的钥匙

庭院练不出千里马
闭门写不出好文章

爱学习的是聪明人
喜欢指责的是蠢才

逆境是智慧的学校
学问是心灵的眼睛

水滴积聚则成深渊
知识积累则成智慧

语言是思维的外衣
言语是心灵的图画

知识是头上的花环
财产是颈上的枷锁

生活是知识的源泉
知识是生活的明灯

勤奋是天才的土壤
苦学是知识的钥匙

要想懂得一门知识
先得承认自己无知

艺术是征服的人生
艺术是生命的帝王
法·罗曼·罗兰

什么知识最有价值
一致的答案是科学
俄罗斯·契诃夫

音乐是心情的艺术
它直接针对着心情
德·黑格尔

简洁是智慧的灵魂
冗长是肤浅的藻饰
英·莎士比亚

语言属于一个时代
思想属于许多时代
俄·卡拉姆辛

读书可以获得知识
思考才能去粗存精
英·奥斯本

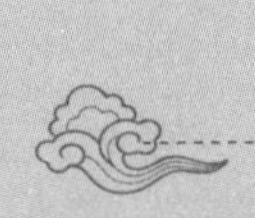

学问是经验的积累
才能是刻苦的忍耐
茅盾

使孩子能做到诚实
这就是教育的开端
英·罗斯金

儿童是人类的未来
是我们的一切希望
邓拓

不耻下问者求智易
趾高气扬者得智难
英·华兹华斯

虚心是学问的向导
恒心是知识的保管
泰国谚语

思考可构成一座桥
让我们通向新知识
德·马克思·普朗克

一个人要善于读书
必须是一个发明家
美·爱默生

梦想写一本书容易
动手写一本书艰难
法·巴尔扎克

读未读书如得良友
见已读书如逢故人
《格言联璧》

不要企图无所不知
否则你将一无所知
古希腊·德谟克利特

世界上什么最难改
变固有的思维最难
史玉柱

千教万教教人求真
千学万学学做真人
陶行知

书籍就像一盏神灯
它照亮人们最遥远
最黯淡的生活道路
俄·乌皮特

要知亲恩看你儿郎
要求子顺先孝爷娘
卑幼不才瞒避尊长
外人笑骂父母夸奖
从小为人休坏一点
覆水难收悔恨已晚
贪财之人至死不止
不义得来付与败子
《小儿语》

人伦之道始于夫妇
夫妇之本正是婚姻
青出于蓝而胜于蓝

冰生于水而寒于水
《荀子·劝学》

眼睛是爱情的信使
家园是世界的乐园

士必以诗书为性命
人须从孝悌立根基

生活在希望中的人
没音乐照样能跳舞

鼻之所喜不可任也
口之所嗜不可随也
《抱朴子》

远离是爱情的坟墓
相聚才使爱情发育
德·卡洛琳娜·里希特

父母之所爱亦爱之
父母之所敬亦敬之
春秋·曾参

爱叫懦夫变得大胆
却叫勇士变成懦夫
英·莎士比亚

饮食如不适可而止
厨师就是下毒之人
法·伏尔泰

清心寡欲以养其内
散步习射以劳其外
清·曾国藩

身体健康者常年轻
无负于人者常富有

身体的财富是健康
思想的财富是知识
俄·乌申斯基

疾病修改人的身体
人的心灵修改世界
张绍民

没有时间教育孩子
意味着没时间做人
苏联·苏霍姆林斯基

事业是飞翔的天空
家庭是栖息的枝头
丛珊

结婚前眼睛要睁圆
结婚后眼睛要半睁
美·富兰克林

男女两性的斗争中
男人的武器是冷漠
女人的武器是报复
英·康诺利

国家兴亡匹夫有责
报效祖国民之大德

在战略上藐视敌人
在精神上打倒敌人

人民的友谊和团结
比任何财富都宝贵

集体是力量的源泉
众人是智慧的摇篮

黄金要从沙子里掏
人杰要从群众中找

英雄的脊梁是硬的
叛徒的膝盖是软的

暴风吹不倒昆仑山
困难吓不倒英雄汉

不看不比沾沾自喜
一看一比相差万里

只有不能打仗的官
没有不能打仗的兵
徐向前

行政官的数目越多

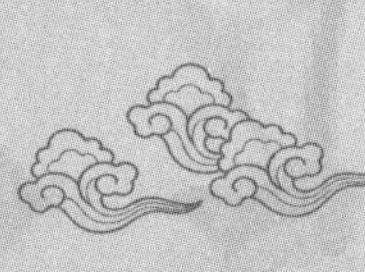

政府便愈没有力量
林肯

政治不仅仅是科学
而且还是一种艺术
德国·俾斯麦

逃死不难逃罪恶难
罪恶追人比死要快
古希腊·柏拉图

善有善报恶有恶报
不是不报时辰未到
元·佚名

执法如山守身如玉
爱民如子去蠹如仇
清·金缨

制度面前没有特权
制度约束没有例外
胡锦涛

法律是显露的道德
道德是隐藏的法律
美·林肯

有两种和平的暴力
那就是法律和礼貌
德·歌德

神奇的预言是神话
科学的预言是事实
苏联·列宁

战略上要藐视敌人
战术上要重视敌人
毛泽东

国家的未来在创新
创新的希望在青年
胡锦涛

不发展科学的国家
必然会变成殖民地
法·约里奥·居里

人不仅为自己而生
而且也为祖国活着
古希腊·柏拉图

我越观光别的国家
我越爱自己的国家
法·司汤达

谁想获得自尊的名声
应该隐藏起他的自负

英·斯威夫特

命运的主宰是人自己
人自己的主宰是意志

法·伏尔泰

人生若做错了一件事
良心就永远不得安宁

傅雷

应该记住我们的事业
需要的是手而不是嘴

童第周

我们的态度光明磊落
我们的心地真诚坦率

范长江

为伟大事业贡献的人
永远不会被人民遗忘

美国谚语

娱乐存在于生活之中
并创造了生活的风貌

日本·三木清

不幸的人别人不知道
幸运的人自己不知道

英国谚语

谁能战胜痛苦和恐惧
他自己就能成为上帝

俄·陀思妥耶夫斯基

悲伤只折磨孤独的人
繁忙的人无暇流眼泪

英·拜伦

如果一个人害怕树敌
他就不会成为政治家

爱尔兰·伏尼

美貌与痛苦携手并肩
共同走向生命的终点

英·丁尼生

如没有伟大的意志力
就不可能有雄才大略

法·巴尔扎克

青年人的才能是发明
老年人的才能是判断

英·斯威夫特

世界上最强有力的人
定是有独立精神的人

挪威·易卜生

让死者有那不朽的名
让生者有那不朽的爱

印度·泰戈尔

你要欣赏自己的价值
就得给世界增添价值

德·歌德

只有为了伟大的目标
才能产生伟大的力量

苏联·斯大林

天才总免不了有障碍
因为障碍会创造天才
法·罗曼·罗兰

有才而性缓定属大才
有智而气和斯为大智
五代·李煜

聪明的人要理解生活
愚蠢的人要习惯生活
沈从文

机敏是女人财产之一
机灵的美是一种力量
英·梅瑞狄斯

勿逞所长以形人之短
勿恃所有以凌人之贫
《菜根谭》

书中结良友千载难逢
门内产贤郎一家活宝
《增广贤文》

待人无半毫诈伪欺隐
处事只一味镇定从容
《增广贤文》

心术不可得罪于天地
言行要留好样与儿孙

如果你从未犯过错误
那你一定是毫无建树
法·彼德

不知道如何生活的人
就应该把死当做好事
爱尔兰·萧伯纳

没有宽宏大量的心肠
便算不上真正的英雄
俄·普希金

言论的花儿开得愈大
行为的果子结得愈小
冰心

这是一句古老的谚语
儿童和傻瓜说老实话
英·黎里

谁不属于自己的国家
那么他就不属于人类
俄·别林斯基

不会思想的人是愚人
不愿思想的人是奴隶

凡配称为理想的事物
就必带有善美的本质
英·奥斯汀

如果一个人思虑太多
就会失去做人的乐趣
英·莎士比亚

性躁心粗者一事无成
心和气平者百福自集
明·洪应明

人一定要有竞争意识
才能彻底地发挥潜能
日本·松下幸之助

你憎恨被别人欺骗吗
那就不要去欺骗别人
英·克里索斯特

人生最高境界的幸福
便是感到自己有人爱
法·雨果

能使你所爱的人快乐
是世界上最大的幸福
法·罗曼·罗兰

人们只有失去了幸福
才能懂得幸福的价值
英·托·富勒

人能爬到至高的顶点
却不能长久住在那里
爱尔兰·萧伯纳

开展批评和自我批评
首先应该从领导做起
陈云

人一半是外力造成的
另一半是自己造成的
朱光潜

我从未追求创造纪录
我唯一的追求是完美
美·威尔特·张伯伦

你在举起他人的时候
自己也就站立了起来
美·罗伯特·格林·英格索尔

积极的态度不是目的
而是生活的一种方式

偶尔间做得好并不难
难的是每天都做得好
美·威利·梅斯

聪明二字不可以自评
慷慨二字不可以望人
五代·李煜

感到自己渺小的时候
才是巨大收获的开头
德·歌德

你越是少说你的伟大
我将越想到你的伟大
英·培根

原谅别人是人的优点
原谅自己是人的缺点

告诉一个人他很勇敢
就是帮助他变得勇敢
英·托·卡莱尔

只有正视自己的无知
才能扩大自己的知识
俄·乌申斯基

如果说美貌是推荐信
那么善良就是信用卡
英·布尔沃·立顿

勿把信誉置于金钱中
要把金钱置于信誉里
美·霍姆斯

信心只是第二种动力
意志才是第一种动力
法·雨果

生活的意义在于美好
在于向往目标的力量
苏联·高尔基

渺小的人被不幸压倒
伟大的人则压倒不幸

是真理使人变得伟大
而不是人使真理伟大
法·罗曼·罗兰

将爱情当作理想的人
绝不会有真正的理想

不必忧虑资金的短缺
该忧虑的是信用不足
日本·松下幸之助

迷信者见解模糊不清
伪君子是一副假心肠
法·狄德罗

不要盲目地追求时髦
时髦会扼杀你的个性
意大利·皮尔·卡丹

奢侈总是跟随着淫乱
淫乱总是跟随着奢侈
法·孟德斯鸠

比海更宏伟的是蓝天
比天更宏伟的是良心
英·丘吉尔

品行是一个人的内在
名誉是一个人的外貌
英·莎士比亚

对忘恩负义的人行善
犹如向大海泼洒香水

智者自认为一无所知
愚笨人自觉无所不知

亲近善人须知机杜谗
铲除恶人应保密防祸
《菜根谭》

过分谦逊会产生暴戾
软弱让步会产生自私
英·夏·勃朗特

处明者不见暗中一物
处暗者能见明中区事
春秋·尹喜

你的敌人推荐的朋友
对你可没有多大用处
俄·克雷洛夫

避免失败最好的办法
就是下决定获得成功
法·孟德斯鸠

恭维不会使女人飘然
却往往会使男人丧志
美·奥斯卡·王尔德

没有例外就没有常规
但例外也不破坏常规
古罗马·塞涅卡

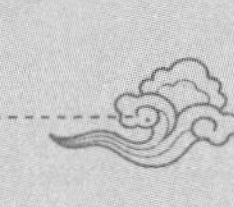

当你无暇休息的时候
正是你该休息的时候
英·锡德尼

知道自己渺小的时候
才是巨大收获的开头
德·歌德

微小的知识使人骄傲
丰富的知识使人谦虚
意大利·达芬奇

没有烦恼就没有进步
烦恼是人前进的动力
日本·池田大作

遇事做最坏打算的人
是具有最高智慧的人

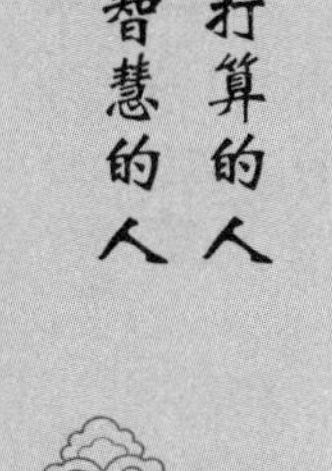

世上没有绝望的处境
只有对处境绝望的人

劳动能将人变成勇士
懒惰能将人变成魔鬼

淘气的人有危险跟着
懒惰的人有穷困跟着

庄稼靠雨水长得葱绿
人生靠劳动获得幸福

沙子里可以掏出金子
汗水里可以找到幸福

一个人若是没有理性
勇敢对于他是有害的
古希腊·柏拉图

我们必须体验过痛苦
才能体会到生的快乐
法·大仲马

一个人在年轻的时候
没有什么能把他搞垮
美·奥尼尔

没有勤俭就没有积累
没有积累就没有将来
周恩来

勤奋和智慧是双胞胎
懒惰是愚蠢的亲兄弟

你想成为幸福的人吗
那你首先要学会吃苦
俄·屠格涅夫

骄傲与贫穷不大相配
可是经常在一起出现
英·富勒

智慧是穿不破的衣裳
知识是取不尽的宝藏

有志者自有千方百计
无志者只觉千难万险

现在的一切美好事物
无一不是创新的结果

耐心之树结黄金之果
无耐心者不会有成就

天下没有倒闭的企业
只有经营不善的企业
美·亚科卡

发现一条走不通的路
就是对科学一大贡献
美·爱因斯坦

祈祷从天空取出幸福
劳动从大地挖出幸福
德·席勒

我们要想有大的发展

必须要开发大众市场
美·亨利·福特

因失误而造成的失败
是金钱买不到的经验
美·哈伯德

滥施交际的人没朋友
同色的鸟爱聚在一起

交一个朋友千言万语
绝一个良友三言两语

高高的山巅不会断雾
忠诚的心灵不会断情

齐心的畜群不怕豺狼
勇气犹如铁壁和铜墙

不要交顺着你的朋友
要交好反对你的朋友

不对任何人怀有恶意
要对一切人仁慈为怀
美·林肯

没有弄清对方的底细
决不能掏出你的心来
法·巴尔扎克

江海不与坎井争其清
雷霆不与蛙蚓斗其声
明·刘基

女人不仅喜欢征服人
而且还喜欢被人征服
英·萨克雷

对骄傲的人不要谦虚
对谦虚的人不要骄傲
美·杰弗逊

志合者不以山海为远
道乖者不以咫尺为近
晋·葛洪

财富并非永久的朋友
朋友却是永久的财富
俄·列夫·托尔斯泰

不要忽视你的老朋友
即使你不再需要他们
古希腊·伊索

怜悯你的人不是朋友
帮助你的人才是朋友
英·托马斯·富勒

真正的爱情已够难得
真正的友谊更属罕见
法·拉罗什富科

三条充满敌意的新闻
比一千把刺刀更可怕

经过考虑的片言只语
胜过阔论的无稽之谈

恶人没有开口的时候
和平常人没什么两样

善是促进团结的动力
恶乃制造分裂的祸害
英·奥尔德斯·赫胥黎

爱找别人阴暗面的人
自己也常常失掉光芒
苏联·高尔基

福善之门莫美于和睦
患咎之首莫大于内离
汉·班固

把一页书好好地消化
胜过匆忙阅读一本书
英·麦考莱

每天读上五小时的书
人很快就会变得渊博
英·塞缪尔·约翰逊

社会向文学提供素材
文学向社会提供规范
郭沫若

与其考察谁学得更多
不如考察谁学得更好
蒙田

聪明人知道如何教育
愚昧人知道怎样打击
印度·泰戈尔

虚心的人时时有积累
骄傲的人天天吃老本

少而好学如日出之阳
壮而好学如日中天光

老而好学如炳烛之明
西汉·刘向

不要用珍宝装饰自己
而要用健康武装自己

不尊重自己妻子的人
自己也不会受到尊重

爱情这个温顺的奴仆
把主人灌得酩酊大醉
英·梅斯菲尔德

想要建立美好的家庭
必须先有爱家的思想

屋是墙壁与梁所组成
家是爱与梦想所构成
印度·泰戈尔

智慧之子使父亲欢乐

愚昧之子使母亲蒙羞
以色列·所罗门

女人最爱的两样东西
很可能是爱情与金钱
三毛

喜乐如良药使人健康
忧愁如恶疾致人死亡
《圣经·箴言》

做了父亲和做了母亲
这是人的第二次降生
苏联·苏霍姆林斯基

如果爱情是真情实意
爱的委屈会很快忘记

多情者不以生死易心
好饮者不以寒暑改量
读书者不以忙闲作辍

锡做的矛头容易折断
不坚定的人容易背叛
使国家富强不受外侮
足以自立于地球之上

詹天佑

为朋友不怕两肋插刀
为祖国不怕献出生命

古罗马·贺拉斯

政治是不流血的战争
而战争是流血的政治

毛泽东

人类所做的最大勇气
就是拒绝战争的勇气
人们嘴上挂着的法律
其真实含义就是财富

美·爱默生

为祖国甘洒热血的人
应当受到后人的尊重

美·西·罗斯福

大海的浪花靠轻风吹起
生活的浪花靠理想鼓起

老成人须有少年之襟怀
少年人须有老成人见识

学问浅的人办不成大事
翅膀短的鸟飞不上高空

有学问的人是一块真金
在任何地方都受人尊敬

波斯·萨迪

青年是学习智慧的时候
老年是付诸实施的时候

法·卢梭

倾听着年轻姑娘的歌声
老人的心也会变得年轻

俄·普希金

年轻的时候不栽培知识

老了就没有乘凉的树荫

英·切斯特菲尔德

人们应该为活着而吃饭
而不应该为吃饭而活着

美·富兰克林

在你最感兴趣的事物上
会隐藏着你人生的秘密

美·比尔·盖茨

什么比金子还好？碧玉
什么比碧玉还好？智慧

英·乔叟

天才是百分之一的灵感
加百分之九十九的血汗

美·爱迪生

从崇高到荒唐只有一步
没有路从荒唐回到崇高

德·弗希特万格

越是不宽裕的人越慷慨
而越是富足的人越吝啬

巴金

我们可以为金钱而工作
但不可为金钱而卖尊严

日本·松下幸之助

意志薄弱用眼泪洗眼睛
意志坚强用汗水学手艺

日本谚语

如果仆人比主人起得晚
那这名仆人就不合格了

我宁愿忘掉亏欠自己的
而不愿忘掉亏欠别人的

德·贝多芬

如果你能经常反省自己
就不致受到别人的非难

波斯·萨迪

谁一生中从来当过傻瓜
谁就永远成不了聪明人
德·海涅

在顺境中趾高气扬的人
在逆境中准会垂头丧气

凡是喜欢教训别人的人
最不愿意受别人的教训
英·司各特

你如果不会宽容别的人
是不配受到别人宽容的
俄·屠格涅夫

怜悯恶人便是亏负好人
宽容恶霸便是欺压平民
波斯·萨迪

生命的多少用时间计算
生命的价值用贡献计算
徐玮

生命的灯因思维而点燃
但劳动可以把油加进去
德·马克思

人若把一生的光阴虚度
便是抛下黄金未买一物
波斯·萨迪

自己想成为什么样的人
最终就会成为那样的人

在艰苦的日子里要坚强
在幸福的日子里要谨慎
苏联·高尔基

谁也不满足自己的财产
谁也不满足自己的聪明
俄·列夫·托尔斯泰

我们往往只会观察自然
很少考虑与自然共生存
英·施韦兹

轻松发笑是幽默的外壳
富于哲理是幽默的内核
《口才艺术：基础口才学》

一个不注意小事情的人
永远不会成功大的事业
美·卡耐基

自己应为之事勿求他人
今日应为之事勿待明日
孙中山

凡是合理的就是现实的
凡是现实的就是合理的
德·黑格尔

悲观者让机会沦为困难
乐观者把困难铸成机会
美·哈利·杜鲁门

实践是最伟大的揭发者

它暴露了一切欺人与自欺

俄罗斯·车尔尼雪夫斯基

经验是永久的生活老师

经验是犯过错误的记录

德·歌德

世界上并没有便宜的事

谁想占便宜谁就会吃亏

徐特立

愚蠢的人天天感到无聊

聪明的人时时都在思考

人们不仅希望生活富有

而且希望比他人更富有

英·穆勒

忘记你过去贫困的日子

但别忘记它给你的教训

德·歌德

若陷入不如意的境地时

万不可忘掉忍耐与勇气

日本·池田大作

上帝赐予我们一具肩膀

就是让我们来挑担子的

德·叔本华

忍耐和坚持是很痛苦的

但它逐渐给你带来好处

古罗马·奥维德

从不获胜的人很少失败

从不攀登的人很少跌跤

富人会谈论节俭的价值

懒汉更会侈谈劳动光荣

英·王尔德

不经艰苦就得不到成绩

不经磨难就得不到成功

不经灾难就得不到成就

小草从不羡慕花的娇艳

只有把足下的土地热恋

巨大的欢乐会使人流泪

最大的悲伤会使人失笑

猎人创造的神能骑善射

商人创造的神能计会算

希望是使人坚强的勇气

是让人获得新生的意志

美·马丁·路德金

斗争是掌握本领的学校

挫折是通向真理的桥梁

德·歌德

揭示真理需要付出代价

但是真理终将战胜一切

美·华盛顿

失败可能是变相的胜利

最低潮就是胜利的开始

美·朗费罗

希望是人类第二个生命
悲观是人类活受的死刑

梁启超

要你作出承诺的那一刻
你的目标就注定要实现

人的工作就是找到工作
然后全身心地投入工作

进展跟速度没什么关系
但跟方向有着重大关系

骏马的铁蹄是跑出来的
雄鹰的翅膀是飞出来的
过硬的本领是练出来的

芙蓉白面不过带肉骷髅

美艳红妆尽是杀人利刃

《增广贤文》

倚势欺人势尽而被人欺
恃财侮人财散而受人侮

宁愿和真朋友一起受苦
不愿和假朋友一起散步

用蜜糖引诱的不是朋友
用忠言直告的才是朋友

朋友间必须是患难相济
那才能说得上真正友谊

英·莎士比亚

亲戚是上帝赐予我们的
朋友是我们自己挑选的

星星能使夜空绚烂夺目
知识能使生活丰富多彩

巍峨的山峰离不开云雾
高明的人儿离不开读书

振兴民族的希望在教育
振兴教育的希望在教师

江泽民

把完善的教育留给子女
这正是对他教育的开始

英·司各脱

知识是珍贵宝石的结晶
文化是宝石放出的光辉

印度·泰戈尔

只有那些值得纪念的人
才会留在时间的记忆中

埃及·陶菲格·哈基姆

不断学习才能使人聪明
不断努力才会出现才能

华罗庚

选择学习就选择了进步
放弃学习就放弃了明天
汪洋

有爱情的生活是幸福的
为爱情而生活是愚蠢的

没有比知识更好的朋友
没有比病魔更坏的敌人

爱情有无穷无尽的奥妙
就连他自己也说不明白
印度·泰戈尔

爱的表现是无保留奉献
而其本质是无偿的索取
日本·有岛武郎

外表的美只能取悦一时
内心的美才能经久不衰
德·歌德

爱绝不是感情上的消遣
而是一种精神上的鼓励
美·杰弗逊

健康是幸福的主要因素
锻炼是健康的重要保证
英国·汤姆逊

懦夫把困难看作沉重的包袱
勇士把困难化作前进的阶梯

一切使人团结的是善与美
一切使人分裂的是恶与丑

没有幽默的语言是一篇公文
没有幽默感的人是一尊塑像

虚荣的人注视着自己的名字
光荣的人注视着祖国的事业

古巴·何塞·马蒂

虚伪是唯一不可宽恕的罪恶
伪君子忏悔的本身就是虚伪

英国·赫兹里特

逆境使我们变得更加聪明
顺境使是非变得含糊不清

古罗马·塞内加

赞扬一天的工作要待夜晚

评价一生的功过要在死后

英·赫伯特

聪明的人依靠自己的工作
愚蠢的人依靠别人的希望

有理想的地方地狱就是天堂
没希望的地方欢乐也是痛苦

唯少事者方知少事之为福
唯平心者始知多心之为祸

适度的悲伤是死者的权利
过度的哀恸是生者的敌人

英·莎士比亚

世上万物都是千变万化的
变化是大自然永恒的真理

英·亚考利

有谋无勇只会是怯弱欺诈
有勇无谋只会是愚蠢疯狂

波斯·萨迪

崇高的目标塑造崇高的性格
伟大的目标培养伟大的心灵

失败的人看成功的人是『疯子』
成功的人看失败的人是『傻子』

说你长处的人不一定是朋友
说你短处的人不一定是敌人

最珍贵的财富是利用时间
最巨大的浪费是虚度流年

万里长城是一块一块砖砌成
汪洋大海是一滴一滴水汇成

我们全部知识都基于经验
归根到底知识产生于经验

英·洛克

学问渊博的人懂得还要问
不问无术的人不懂也不问

土耳其谚语

千言万语《劝善集》，古今中外挚语集。
实话实说《劝善集》，细针密缕箴言宜。
言简意赅《劝善集》，前进路上解痴迷。
活学活用《劝善集》，改恶从善贤思齐。
老人学用《劝善集》，安身立命族启迪。
中年学用《劝善集》，身体力行自成蹊。
青年学用《劝善集》，壮志确立杂念移。
年少学背《劝善集》，提高觉悟离污泥。
儿童接触《劝善集》，玩闹之间升品级。
工人学用《劝善集》，事业为重星月披。
农民学用《劝善集》，移风易俗除旧习。

商贾学用《劝善集》，诚信经营赢毫厘。
学士学用《劝善集》，助推人生威望提。
军人学用《劝善集》，保家卫国骁不疲。
领导学用《劝善集》，勤政慎独为庶黎。
民众学用《劝善集》，内心充实外表仪。
人人学习《劝善集》，长征路上不缺席。
人人运用《劝善集》，中华文明美德依。
人人践行《劝善集》，大同世界望可及。